Indicateurs et tableaux de bord

Olivier Cérutti et Bruno Gattino

Indicateurs et tableaux de bord

afnor
GESTION

AFNOR GESTION
QUALITE
Responsable de la collection G. Delizy

- Le TQC ou la qualité à la japonaise - K. Ishikawa, 1984
- Gestion et contrôle de la qualité - P. Vandeville, 1985
- Le TQC et le rôle des responsables d'entreprise - M. Némoto, 1985
- Manuel pratique de gestion de la qualité - K. Ishihara, 1986
- La statistique, outil de la qualité - P. Souvay, 1986
- Le but. Un processus de progrès permanent - E. Goldratt et J. Cox, 1986
- Les chemins de l'excellence. Itinéraires pour la qualité - J. Lamare, 1987
- La qualité des logiciels - J. -P. Martin, 1987
- La qualité dans les services - J.-M. Juran, 1987
- La Maîtrise Statistique des Procédés - J. -L. Lamouille, B. Murry et C. Potié, 1989
- Planifier la qualité - J. -M. Juran, 1989
- Changer le management de la qualité : sept nouveaux outils - H. Mitonneau, 1989
- Comment lancer les cercles de qualité - JUSE, 1989
- Faire bien à tous les coups - F. Price, 1991
- Une usine et des hommes - B. Dubois, 1991
- Diagnostic qualité - C. Potié, 1991
- Le guide Deming pour la qualité et la compétitivité - H. S. Gitlow et S. J. Gitlow, 1992

ISBN : 212-488111-6
ISSN : 0763-6660

AFNOR Tour Europe - Cedex 7 - 92049 Paris la Défense - Tél. : (1) 42 91 55 55

Sommaire

1
Vocation et rôle du système de mesure

1.1 La mesure, outil d'amélioration permanente

1.1.1 Les trois dimensions de la mesure

Mesurer c'est déterminer la valeur de certaines grandeurs par comparaison avec une grandeur de même espèce. Dans l'entreprise, cette définition littérale a servi de base à la mise en place de systèmes de mesure évoluant sur une dimension technique et une dimension économique.

Dans le premier cas, il s'agit simplement d'une évaluation purement quantitative de type comptage, contrôle dimensionnel, calcul de cadences ou autres, avec dans sa forme la plus sophistiquée et la plus récente, l'utilisation de l'outil statistique (échantillonnage, modélisation, tests de normalité, etc.).

Dans le second cas, si le qualitatif est encore absent du concept de base, l'approche économique a permis une valorisation des mesures purement techniques à des fins d'analyse, allant au-delà du simple constat de fait.

Ces deux dimensions sont présentes depuis que l'entreprise elle-même existe, parce que le technique et l'économique ont été les deux axes du développement initial des entreprises de l'ère moderne.

Mais, aujourd'hui, force est de constater que l'élément particulier que constitue la mesure dans la vie de l'entreprise évolue sur une troisième dimension, beaucoup plus humaine, qui en fait un instrument de motivation et d'implication des acteurs à des fins d'amélioration.

Il faut cependant bien comprendre que cette vocation nouvelle ne vient pas suppléer les deux rôles traditionnels décrits plus haut. Il s'agit en fait d'élargir la portée et l'utilité de la mesure, prise au sens large, et sous toutes ses formes.

Cet élargissement du concept de mesure correspond à une évolution qui a suivi le fil de l'histoire de l'entreprise. C'est dans ce contexte qu'il faut tenter d'analyser pourquoi et comment la mesure a progressivement acquis cette troisième dimension.

1.1.2 Mesure et taylorisme

Revenons sur les aspects essentiels du modèle taylorien développé par Ford. Au contexte économique qui prévalait à l'époque, et pour satisfaire au besoin général de quantité, l'organisation scientifique du travail (OST) a répondu par la parcellisation des tâches, l'extrême spécialisation des opérateurs et la mise en place de processus de fabrication industriels très contraignants. Dans le même temps, la structure d'ensemble de l'entreprise était fondée sur un rapport hiérarchique autoritaire. Schématiquement, l'entreprise fonctionnait autour de la circulation « d'ordres » donnés par la hiérarchie, reçus à l'échelon inférieur pour être transmis jusqu'à l'exécutant.

L'opérateur n'était en aucun cas sollicité pour autre chose que la simple exécution d'une tâche répétitive à une cadence élevée. Or, la nécessaire maîtrise du produit imposait un contrôle rigoureux du travail fait. La mesure avait donc une vocation essentielle de contrôle. Dans le principe de l'OST, si certains étaient voués à faire et d'autres à penser, les contrôleurs étaient voués uniquement à mesurer. En simplifiant, derrière chaque opérateur se trouvait un contrôleur. Pour l'exécutant, la seule perception qu'il en avait était donc disciplinaire, dans la mesure où le rôle de ce contrôleur était de sanctionner le travail fait.

L'opérateur n'avait aucun moyen d'effectuer ce contrôle et cette mesure : pas de référentiel, pas de standard disponible, pas d'ordre de mesurer, aucune incitation voire une entrave à la réflexion.

D'un côté, on fait donc planer la crainte de la sanction et de l'autre on bloque par les structures et l'organisation en place toute initiative individuelle, toute action allant au-delà de la simple exécution d'une tâche.

On comprend mieux, comme l'illustre la figure 1.1, la connotation négative dont pouvait souffrir la mesure.

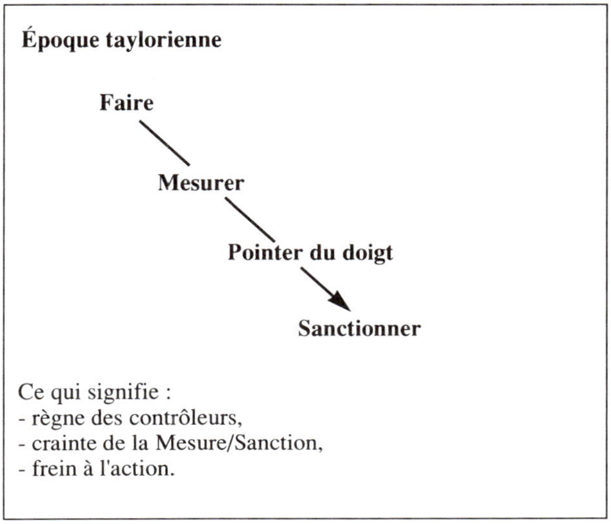

Figure 1.1 Conception taylorienne du contrôle.

Toutefois, la mesure prise dans ce sens offre indéniablement des garanties à l'entreprise. N'oublions pas que le contrôle correspond à la genèse de la qualité. A cette époque, mesurer pour contrôler conférait donc au système une très grande efficacité.

Il ne s'agit en effet pas de faire la simple critique de ce système, déjà fortement remis en cause par ailleurs. Au contraire, compte tenu de la culture d'entreprise et du mode de management qui prévalaient à l'époque, ce type de contrôle présentait plus d'avantages que d'inconvénients.

1.1.3 Une vision plus humaine

Dans l'application de la mesure, on est passé d'une évaluation « sanction » purement technique et économique à l'utilisation d'un outil de développement, qui implique « ceux qui font » dans l'évaluation de leur propre travail, dans la conception et la mise en œuvre d'actions d'amélioration.

Ce changement s'est inscrit dans un contexte plus large qui a vu les entreprises faire évoluer leurs façons de faire, le rôle et les attributions de chacun. L'opérateur, de simple exécutant, réfléchissant peu ou pas et travaillant seul, devient progressivement responsable de ce qu'il fait, participe à des travaux de groupe structurés, conçoit et prépare ce qu'il a à faire. L'agent de maîtrise, contrôleur du système taylorien et « petit chef » devient un animateur plus voué à faire réfléchir et à motiver ses équipes qu'à en évaluer « brutalement » le travail. Cette évolution dans les pratiques collectives et individuelles s'étend jusqu'à la direction qui devient plus proche du terrain, plus impliquée, plus « manager » que « chef ».

Cette mutation ne s'est évidemment pas opérée spontanément. Les entreprises ont dû faire face à des pressions économiques de plus en plus fortes (surproduction, concurrence, hausse élevée des coûts de production, ...). Pour bien vivre dans ce contexte, les moyens mis en œuvre jusqu'alors n'étaient plus suffisants. Il a donc fallu trouver de nouveaux ressorts de progression. La ressource humaine représentait dans ce contexte un très fort potentiel de développement. Comme on avait misé sur la machine et d'énormes capacités de production, on s'est mis à miser sur l'homme et ses capacités créatives. Les modes de management sont ainsi fondés sur la responsabilisation de chacun et le développement des ressources humaines.

L'évolution culturelle et sociologique, l'élévation du niveau général de culture et de connaissances, le « boom » de la civilisation des loisirs, ont par ailleurs contribué à faire émerger chez l'individu des aspirations nouvelles. Maslow (souvent cité, mais toujours d'actualité) a hiérarchisé les aspirations individuelles en cinq niveaux progressifs de besoins que chacun cherche à satisfaire :
– niveau 1 : besoins physiologiques,
– niveau 2 : besoins de sécurité,
– niveau 3 : besoins sociologiques,
– niveau 4 : besoins d'estime,
– niveau 5 : besoins d'accomplissement.

Ainsi, contraintes par l'évolution du contexte économique de tirer le meilleur parti du potentiel humain, les entreprises ont cherché les moyens de mieux impliquer leur personnel. Satisfaire les attentes correspondant aux niveaux 3, 4 et 5 selon la terminologie de Maslow fut un des moyens employés, et à ce jour un des plus répandus.

Dans cette optique, la mesure est devenue l'affaire de tous, et se dote alors d'objectifs « rassurants » de motivation et de stimulation pour l'action. (*cf.* figure 1.2).

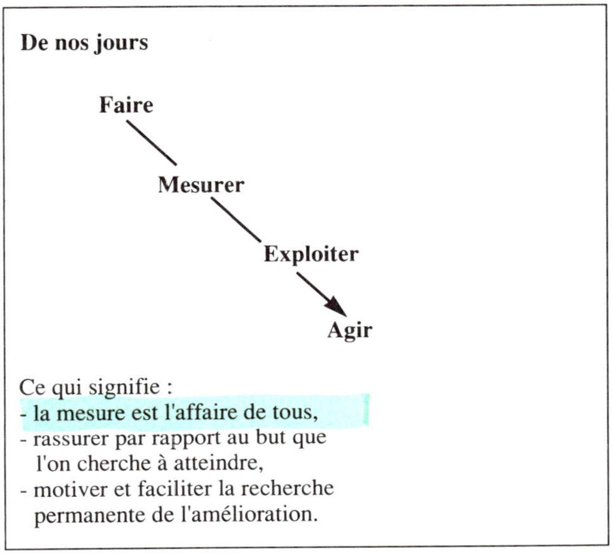

Figure 1.2 Conception actuelle de la mesure.

1.2 La mesure, instrument de pilotage

Piloter une entreprise, une direction ou un service revient à prendre des responsabilités, à faire des choix sur les actions à entreprendre pour optimiser la combinaison des éléments techniques, économiques et humains.

Cependant, la qualité et la pertinence d'une décision reposent avant tout sur la valeur de l'homme qui prend cette décision. De très nombreux facteurs subjectifs interviennent : envie, intuition, personnalité, habitudes, etc. Il y a donc une part certaine d'irrationnel dans toute décision. On en veut pour preuve que dans un même contexte, si le pilotage est confié à deux responsables différents, deux décisions différentes seront prises.

Pourtant, la complexité croissante des entreprises fait que l'on attend de ceux qui les pilotent, à quelque niveau que s'exerce la fonction, qu'ils intègrent à la prise de décisions des éléments objectifs. A cet égard, un tableau de bord précis et bien adapté est un atout certain pour approcher de la décision optimale. Si on prend l'exemple de deux pilotes automobiles, de niveau équivalent, dans une voiture identique, concourant en Formule 1, leur lecture de l'ordinateur de bord peut faire la différence. Lors d'un grand prix, en raison d'une panne de l'indicateur de consommation d'essence, Alain Prost, ne disposant pas d'informations fiables pour gérer sa course et son avance, a perdu une course apparemment largement dominée.

Cet exemple simple illustre le fait que si la qualité intrinsèque de l'homme qui pilote est un facteur essentiel dans la prise de décision, seule une approche rationnelle, objective, fondée sur des indicateurs et un tableau de bord pertinents permet un pilotage optimal, offrant ainsi le maximum de garanties de succès.

Comme il l'a été démontré ci-dessus, vouloir exploiter la mesure pour agir et s'améliorer en permanence est le fruit d'une évolution dans l'application même du principe de mesure. Cette logique nouvelle positionne la mesure à l'échelon stratégique de la vie d'une entreprise, d'un département, d'un service, d'une unité de production ou d'un atelier.

Être un instrument de pilotage d'autant plus fin et objectif que son approche des événements est précise et quantifiée devient la vocation première de toute mesure.

1.3 Éléments du système de mesure

Les objectifs confiés à un système de mesure sont donc ambitieux :
– améliorer les performances de l'entreprise,
– optimiser la gestion et le pilotage,
– motiver les hommes.

Le fonctionnement du système et les éléments qui le composent doivent ainsi être à la hauteur des ambitions affichées. Tout le système va alors s'articuler autour d'indicateurs et de tableaux de bord.

1.3.1 Qu'est-ce qu'un indicateur ?

En tout premier lieu, un indicateur est une donnée objective qui décrit une situation du strict point de vue quantitatif, qui constate un résultat :
– progression du chiffre d'affaires : + 20 %,
– taux de rebuts : 2,3 %,
– degré de satisfaction client : 75 %.

Mais l'indicateur n'aura de réelle signification dans le cadre prédéfini que s'il « indique » où il faut agir.

Si l'on prend par exemple, un tableau de bord de voiture, l'indicateur de niveau d'huile est un voyant directement relié au carter d'huile. Ainsi une baisse du niveau d'huile va être immédiatement signalée et le témoin va s'allumer.

Cet indicateur est bon puisqu'il est directement relié à la zone d'action (*cf.* figure 1.3).

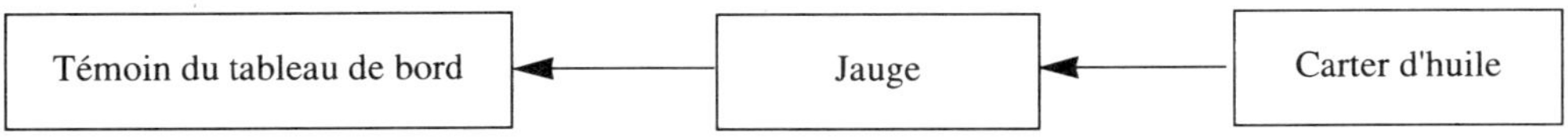

Figure 1.3 Exemple d'indicateur.

A contrario si un voyant s'allume et que l'on ne sait pas à quoi il est relié, on ne sait pas sur quoi agir. Un indicateur doit donc toujours être relié à une zone d'action. De la sorte, son utilisateur saura alors parfaitement quelle est la cible des actions à mettre en œuvre ...

1.3.2 Qu'est-ce qu'un tableau de bord ?

En lui-même, le tableau de bord est un outil de synthèse et de visualisation des situations décrites et des constats effectués par les indicateurs. Il s'agit plus ici de veiller à la forme qu'au fond afin de garantir que la lecture de l'indicateur sur le tableau de bord permet de bien comprendre ce qu' « indique » l'indicateur.

1.3.3 Fonctionnement du système de mesure

A partir de là, il s'agit de trouver comment construire des indicateurs et un tableau de bord qui soient pertinents. Cette construction va alors induire d'autres notions.

- Que mesurer ?
- Dans quel cadre ?
- Faire le point, mais par rapport à quoi ?
- Quelle est la cible des actions à mettre en œuvre après lecture de l'indicateur ?
- Comment exploiter correctement un tableau de bord ?
- Comment choisir l'action à mettre en œuvre ?
- Comment obtenir des données fiables pour renseigner l'indicateur ?
- Y a-t-il des indicateurs types ?

Finalement, on s'aperçoit qu'il y a toute une démarche à conduire en amont des indicateurs pour garantir leur pertinence, ainsi qu'en aval pour exploiter avec succès les constats qu'ils ont permis de faire. Dans son ensemble, le système de mesure intègre donc :

1. La démarche utilisée pour construire des indicateurs et le tableau de bord correspondants.
2. Les constats livrés par les indicateurs et le tableau de bord.
3. La démarche utilisée pour analyser ces mêmes constats.

En rentrant ainsi dans le détail de ce système, il ressort que le tableau de bord et les indicateurs sont un point de passage obligé de la mesure, mais seulement un passage. Le tableau de bord en lui-même n'est pas une finalité. Sa véritable valeur résidera dans l'exploitation que l'on en fait pour agir sur le terrain de l'entreprise et entraîner des améliorations concrètes. Dès lors, c'est de ce terrain que seront extraites les informations nécessaires à une construction fiable des indicateurs (*cf.* figure 1.4).

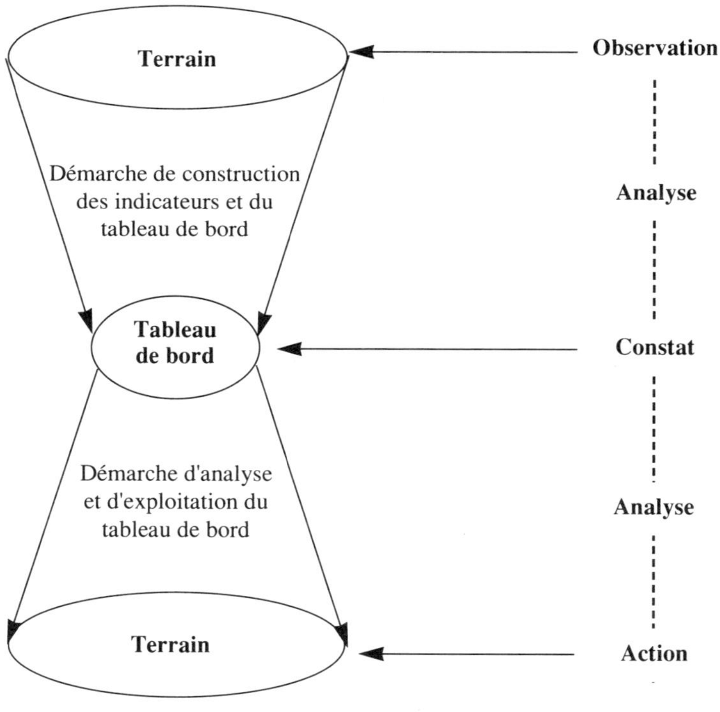

Figure 1.4 Représentation d'un système de mesure.

Le tableau de bord apparaît donc comme le point focal d'un système qui permet :
1. D'analyser et interpréter la connaissance que l'on peut avoir du terrain de l'entreprise, de sa réalité, pour déterminer les éléments utiles au choix d'indicateurs pertinents et à la construction du tableau de bord qui permet de les visualiser.
2. De faire clairement apparaître, à la lecture du tableau de bord, des résultats dont une nouvelle analyse permettra de déterminer la nature des actions à mettre en œuvre sur le terrain.

2
Méthode de construction des indicateurs

2.1 Nécessité d'une méthode

Il existe aujourd'hui, tant dans la littérature que dans la vie des entreprises, une liste impressionnante d'indicateurs types. *A priori*, il semble opportun d'étudier ces listes pour y trouver l'indicateur ou le tableau de bord qui convient.

Pour autant qu'elle facilite le travail, cette démarche présente néanmoins certains risques.

Imaginons la sélection au sein d'une de ces listes d'un indicateur fréquemment utilisé : le taux de rebuts de produits finis. Partons du principe que l'on constate une tendance à la hausse de ce taux.

Que pouvons-nous en conclure ?
- Que la machine s'est déréglée ?
- Que le personnel est moins motivé donc moins attentif à son travail ?
- Que le processus de fabrication est moins bien maîtrisé ?
- Que le plan qualité ne porte pas ses fruits ?
- Que l'outillage est de mauvaise qualité ?

Toutes ces conclusions sont possibles et par définition valables. Mais dans ce cas, comment exploiter l'indicateur ? Sur quoi agir pour améliorer la situation ?

C'est là le piège de ce type de démarche. La réelle pertinence d'un indicateur ne peut découler que du contexte et du terrain propres à chaque entreprise. Le taux de rebuts peut s'avérer parfaitement pertinent, mais uniquement s'il permet de dire qu'il faut régler la machine ou mieux motiver son personnel ou encore veiller à la qualité de l'outillage utilisé. Or, on ne peut obtenir cette information qu'en menant une réflexion qui permette de sélectionner un indicateur en le reliant étroitement à une zone d'action. C'est à cette seule condition que l'indicateur sera pleinement efficace.

Quant à la banque de données initialement évoquée, on ne peut raisonnablement conclure à sa complète inutilité. Toute expérience est bonne à prendre. Dans ce cas précis, on peut s'inspirer de la liste et trier ce qui apparaît le plus utile à son propre contexte. Mais cela ne peut se faire qu'après s'être éclairci les idées sur son propre cas...

On a donc bien compris qu'il est plus utile de se construire son propre tableau de bord. Parier sur le fait qu'en ce domaine, tout repose sur la fiabilité de la méthode utilisée, présente en outre l'intérêt d'aborder les problèmes sous un angle très pragmatique. Dans cet ouvrage, nous allons par la suite aborder la méthode, ses conditions de mise en œuvre et l'exploitation des résultats qu'elle permet d'obtenir. Plutôt que d'effectuer sur ces éléments une analyse théorique poussée, passionnante au demeurant mais peu incitative, nous fournirons des données concrètes, proches du terrain, afin de faciliter « le passage à l'acte ».

2.2 Présentation de la méthode

Il s'agit maintenant d'entamer la construction des indicateurs. Dans l'absolu, on l'a vu, il apparaît nécessaire de devoir mesurer. Dans la pratique, la première question qui nous vient à l'esprit est la suivante : « Que doit-on mesurer », ou, plus précisément, « Sur quoi est-il intéressant pour nous de faire le point » ?

La première étape de la méthode a pour vocation de répondre à cette question en définissant ce qu'il conviendra d'appeler le champ de mesure.

2.2.1 Définition du champ de mesure

Avant tout, il va donc s'agir d'identifier ce sur quoi il serait bon de faire le point. Ce choix est fait en fonction de critères propres à l'entreprise, mais doit impérativement intégrer le fait que le champ choisi va devenir, sur la base des résultats du système de mesure, la cible des actions à mettre en œuvre.

Il est par conséquent prudent, à ce stade, de valider la possibilité d'engager des actions futures en s'assurant :
- de l'aval plein et entier de la hiérarchie,
- du vouloir des intéressés,
- d'obtenir les moyens nécessaires en temps voulu.

Identifier un champ de mesure revient donc à définir dans un premier temps le cadre et les limites dans lesquels va s'appliquer la mesure.

Les champs possibles sont multiples et leur taille très variable. On peut citer à titre d'exemple : l'entreprise, un atelier, une fonction, un produit, un service, une stratégie, une politique, un process, une ligne de production, une strate hiérarchique, un groupe d'individus...

La taille d'un champ importe peu, puisqu'elle ne conditionne en aucune manière le choix des indicateurs.

Comment identifier les champs de mesure ?

Le champ, au sens où nous l'entendons, est donc la cible des actions d'amélioration à mettre en œuvre au sein de l'entité (entreprise, service, atelier, groupe d'action qualité, etc.) concernée par les indicateurs à construire. Il s'agit donc d'une phase essentielle.

Pour autant, il n'y a pas de règles ni de liste préétablie de champs à étudier. On peut toutefois, pour définir celui sur lequel il est bon de faire le point, s'appuyer sur la raison d'être, la véritable mission, la vocation de l'entité concernée. En effet, formuler clairement la réponse à une question simple, mais trop souvent ignorée telle que « quelle est notre raison d'être ? » ou « pourquoi sommes-nous là ? » aide à choisir les champs d'action prioritaires.

Tout comme une stratégie se définit sur la base d'une politique générale, c'est bien en fonction de missions à remplir que se délimitent des champs d'action. Cet aspect renforce l'idée qu'à chaque entité doit correspondre un ou plusieurs champs qui lui seront propres.

Il peut également être utile d'étudier, *a priori*, l'accessibilité des champs. En clair, il s'agit de vérifier que les champs choisis ne correspondent pas à des secteurs de l'entreprise trop sensibles pour être concernés. On peut fort bien envisager qu'une ligne de production, pour des raisons historiques (cible perpétuelle de reproches, ...) ou conjoncturelles (bouleversement des équipes, changement de machines, ...), ne présente pas suffisamment de garantie de stabilité pour être engagée valablement dans une action de changement ou d'amélioration. En conséquence, il faudra attendre avant de penser à l'intégrer au tableau de bord. Dans un pareil cas, on laissera à la nouvelle équipe le soin de bien se positionner et de s'intégrer avant d'engager l'action « mesure ».

Hormis ces deux éléments, vocation de l'entité et accessibilité du champ, il n'y a à ce stade aucun autre principe de nature à faciliter sensiblement l'identification et le choix d'un champ de mesure.

Cette première étape franchie, on a finalement défini par le champ ce que l'on veut mesurer. Mais, mesurer pour mesurer, c'est bien connu, ne mène nulle part. Il manque en effet l'élément fondamental qui donne tout son sens à la mesure : le but que l'on cherche à atteindre dans le champ d'action qui a été prédéterminé. « Que cherche-t-on à faire dans le champ choisi ? », telle est, à ce stade, la question à se poser. Y répondre revient à effectuer un choix d'objectifs.

2.2.2 Le choix des objectifs

Une fois le ou les champs définis, il convient d'identifier ce vers quoi l'on tend, ce que l'on cherche à atteindre. Ce sont ces objectifs qui donnent tout son sens à la mesure. En effet si l'on regarde sa montre (action de mesure), c'est pour faire le point par rapport à une heure définie antérieurement (l'objectif). Si l'on ne sait pas ce que l'on cherche à atteindre, on mesure pour mesurer ce qui, comme chacun sait, ne mène nulle part.

A ce titre on peut s'étonner de voir le nombre de banques de données qui existent dans les entreprises et qui ne sont ni exploitées, ni reliées à un objectif précis.

Si l'on prend par exemple le cas d'une société de conseil et formation nouvellement créée, il serait intéressant de faire le point sur son développement (champ de la mesure) (*cf.* figure 2.1). A partir de ce cadre, les dirigeants vont chercher à se forger une image de marque et à dégager de la marge (objectifs). En consultant les indicateurs qui seront définis ultérieurement, il sera donc possible de faire le point sur le développement dans la mesure où l'on saura si les objectifs que l'on s'est fixé sont atteints ou non. Dans la négative, on connaîtra également la distance qui reste à parcourir pour les atteindre.

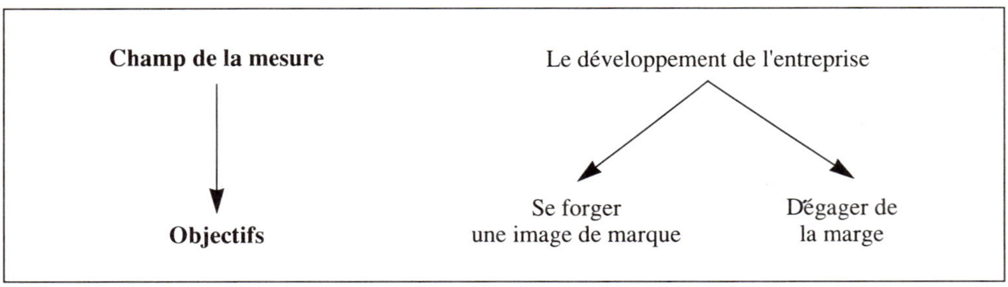

Figure 2.1 Choix des objectifs.

Faut-il quantifier les objectifs ?

Au regard de la méthode, l'aspect quantifié d'un tableau de bord intervient ultérieurement en phase d'identification des paramètres et de l'indicateur lui-même.

Dans l'exemple de la société en création qui, dans le cadre de son développement cherche à savoir si elle se forge une image de marque, et a choisi pour cela de suivre le degré de satisfaction de sa clientèle, quantifier l'objectif n'apparaît pas nécessaire.

Sa formulation est suffisamment claire pour que soit bien compris le référentiel. Il n'apparaît donc absolument pas nécessaire d'apporter plus d'éléments. Au contraire, on risquerait de le confondre avec l'objectif assigné à l'indicateur.

Cet effort de rigueur à faire dans l'utilisation de la méthode renforce son aspect précis et par là, constitue une garantie supplémentaire de la pertinence de l'indicateur trouvé.

Pourquoi définir le champ avant l'objectif ?

En théorie, la définition des objectifs intervient après celle du champ et ce essentiellement pour deux raisons :

– il faut clairement distinguer la vocation qui aide à choisir les cibles des actions prioritaires (le champ), de ce que l'on cherche à faire en engageant ces actions (l'objectif) ;

– la définition du champ sur la base des objectifs précipite le raisonnement et restreint considérablement la portée de la méthode comme le montre le cas suivant :

- 1. Choix de l'objectif : augmenter les ventes.
- 2. Identification du champ : les ventes de la société.
- 3. Indicateur : évolution du chiffre d'affaires.

Peut-on considérer cet enchaînement comme valable et peut-on dire que l'indicateur est pertinent ?

Pour répondre il nous faut examiner attentivement les informations à retirer de la lecture de cet indicateur. Admettons que l'on constate une progression du chiffre d'affaires. Cela peut signifier :

1. Que le marché est en développement.
2. Que la force de vente est plus motivée.
3. Que les produits sont meilleurs ou mieux perçus.
4. Que les prix ont augmenté.
5. Que le circuit de distribution est plus efficace.
6. Etc.

Cet exemple simple montre qu'au-delà des considérations théoriques pures et simples, partir d'un objectif pour définir le champ peut être non seulement restrictif mais également nuire à la pertinence de l'indicateur trouvé. En reprenant notre exemple et en admettant que l'entreprise ait pour raison d'être essentielle le développement de ses ventes, les champs possibles pourraient être :
– l'implication de la force de vente,
– la qualité perçue des produits,
– la présence sur le circuit de distribution.

Prise dans ce sens, et dès le départ, la construction de l'indicateur est plus précise et se révèle plus pertinente.

Rappelons enfin que si cette méthode est simple, elle nécessite toutefois de la rigueur dans son application : l'utilisateur doit donc accepter de « jouer le jeu » et suivre les étapes dans l'ordre qui est défini.

Faut-il comme pour les champs faire valider les objectifs par la hiérarchie ?

Pour savoir si les objectifs doivent être validés par la hiérarchie, encadrement ou Direction générale, il faut connaître à la fois l'utilisateur du tableau de bord en même temps que son domaine d'application.

De plus l'utilisateur principal du tableau de bord est celui qui va le construire et par conséquent va fixer les objectifs.

Examinons, en regard de ces éléments, les différentes situations possibles.

1. L'utilisateur du tableau de bord est le Chef de service, voire le Directeur général. Aucune ambiguïté n'est possible, puisqu'ils établissent eux-mêmes leurs objectifs.
2. L'utilisateur principal du tableau de bord est un service de l'entreprise et ce même tableau de bord a pour domaine d'application les activités de ce service. Dans la mesure où l'aval plein et entier de la hiérarchie a été obtenu pour le choix du champ, l'autonomie est suffisante et il n'est pas nécessaire d'obtenir une seconde validation au niveau des objectifs.
3. L'utilisateur principal du tableau de bord est un service de l'entreprise mais le domaine d'application concerne la politique générale de l'entreprise. Un service commercial peut très bien se fixer des objectifs de vente qui soient au premier rang des préoccupations de la direction de l'entreprise. Dans ce cas, la validation de ces mêmes objectifs est tout à fait nécessaire.

Quoiqu'il en soit, si l'on ne sollicite pas de validation, il est préférable d'informer régulièrement le niveau hiérarchique supérieur. C'est une manière indirecte, mais efficace, de s'assurer du maintien de l'implication et de l'aval de cette hiérarchie.

A partir du moment où l'on a défini le champ (vocation et accessibilité), les objectifs (ce que l'on cherche à atteindre) il convient de définir un ou des éléments qui nous permettront de savoir où l'on en est par rapport à ces objectifs lors de la mesure.

Ces éléments sont des variables et la question à se poser est : Que peut-on suivre pour savoir où on en est par rapport à l'objectif ?

2.2.3 Identification des variables

Le problème qui se pose maintenant est d'identifier ce qui permettrait de faire le point par rapport à l'objectif en suivant son évolution : la ou les variables. Pour un même objectif, on peut suivre l'évolution de différentes variables.

Si par exemple notre objectif est de répondre à la demande, on peut suivre, entre autres, l'évolution de la conformité aux besoins ou l'efficacité de la gestion des commandes.

Dans le cadre de la société en création, notre objectif était double. On peut donc poursuivre le schéma de construction des indicateurs en choisissant de suivre l'évolution des deux variables : satisfaction des besoins du client et le rendement des affaires traitées (*cf.* figure 2.2).

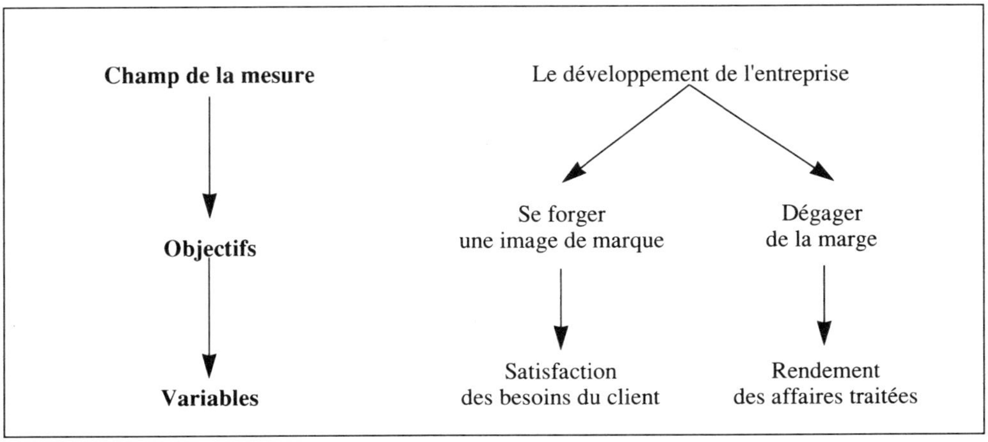

Figure 2.2 Choix des variables à suivre.

En fait suivre une variable dont on a validé la pertinence revient à faire le point par rapport à l'objectif. A ce stade, la principale question que l'on se pose concerne les moyens à employer pour quantifier cette variable. Que peut-on mesurer sur la variable dont on veut suivre l'évolution ? Trouver les paramètres permettant de quantifier la variable, telle est l'étape n° 4 de la méthode.

2.2.4 Choix des paramètres mesurables

Une variable est en fait un combiné de caractéristiques mesurables. Si l'on prend une figure géométrique telle qu'un rectangle, on voit clairement que l'on peut mesurer sa longueur, sa largeur, sa surface, son périmètre, sa diagonale. Une variable permet de mesurer une caractéristique, une propriété ou un effet. Une fois listés, ces différents paramètres nous serviront à sélectionner les indicateurs pertinents.

A supposer que l'on suive l'évolution de la satisfaction des besoins du client, on peut citer plusieurs paramètres mesurables : le respect des délais, la rapidité de réaction, l'efficacité du traitement d'une commande, la réponse aux spécifications, la qualité de l'accueil, le nombre d'opinions favorables ...

A ce stade de la méthode, la créativité et le bon sens sont les deux clefs essentielles qui vont garantir la progression du travail. L'exemple déjà cité de la jeune société est à cet égard significatif. Le rendement d'une affaire traitée n'évoque *a priori* rien de très concret, ni de très précis. En guidant le travail sur les éléments qui peuvent rendre une mission rentable, on obtient en fait une liste assez longue de paramètres, prix de vente, charges fixes, charges variables, temps passé, charges directes, charges indirectes, frais divers, frais pédagogiques, temps de préparation, temps d'exécution, nombre d'individus concernés, (*cf.* extrait figure 2.3).

Cet effort de créativité, de prime abord rébarbatif, se révèle en fait très utile, d'autant qu'il suffit maintenant de trier et sélectionner les paramètres apparaissant comme essentiels pour choisir notre indicateur.

Comment combiner les paramètres mesurables est l'ultime problème à résoudre pour mener à bien l'étape à venir : la sélection des indicateurs.

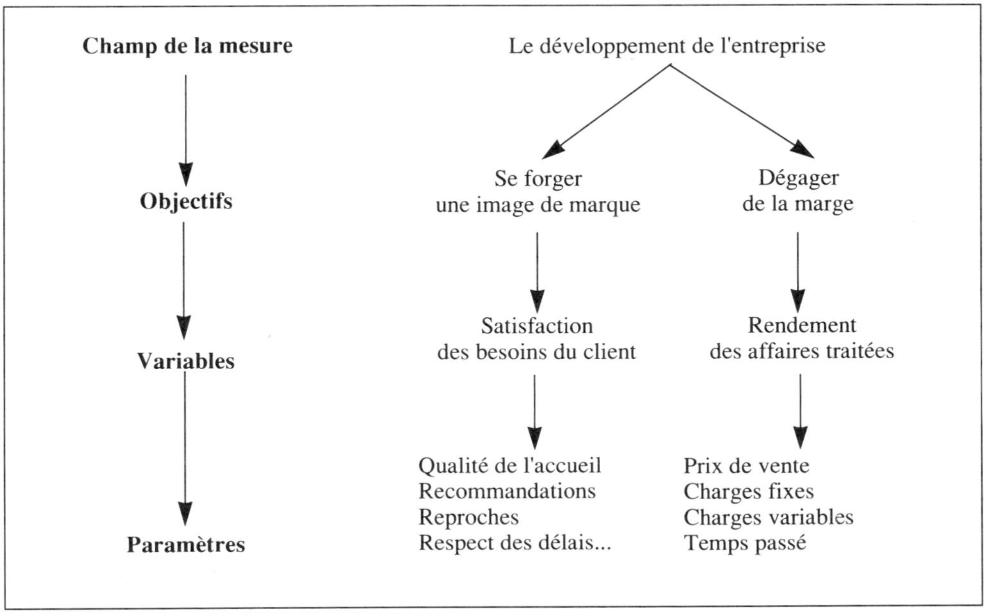

Figure 2.3 Choix des paramètres mesurables.

2.2.5 Sélection des indicateurs

A ce stade de la méthode, la sélection des indicateurs peut se faire aisément puisqu'il s'agit en fait de transcrire les paramètres mesurables des variables suivies en données chiffrées, voire de combiner ces paramètres pour dégager un indicateur plus global. La difficulté est de trouver l'indicateur le plus pertinent. Tous les indicateurs issus des paramètres de la variable sont nécessairement corrects, mais certains sont plus complets et donc plus pertinents que d'autres.

La figure 2.4 présente une partie des indicateurs retenus par une branche d'une importante société pétrolière pour faire le point sur l'information diffusée en interne.

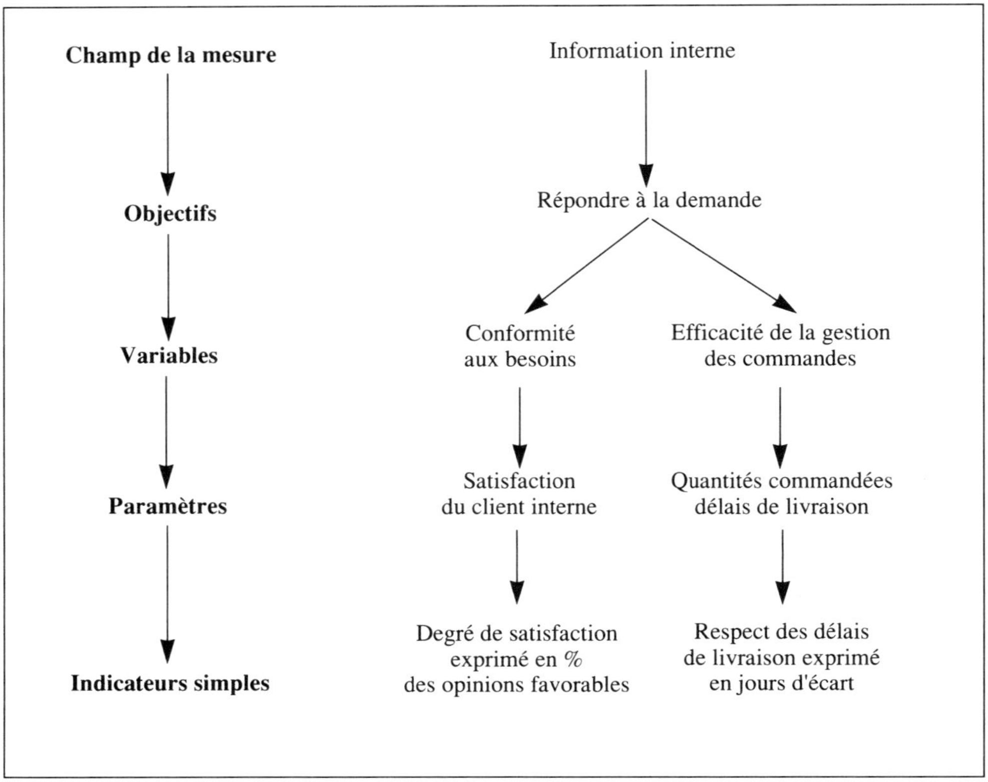

Figure 2.4 Sélection des indicateurs (société pétrolière).

Ce qui peut frapper à première vue dans cet extrait, par rapport à l'exemple développé jusqu'ici (*cf.* figure 2.3), c'est la prise en compte de la notion de satisfaction du client au niveau des paramètres et non des variables. Pourtant le niveau de satisfaction du client est bien un élément qui va permettre de quantifier la conformité du travail effectué par rapport aux attentes qu'il a suscitées. Ceci vient simplement renforcer l'aspect très personnel de la construction d'indicateurs et de tableaux de bord ; à chaque cas sa vérité. A chaque entreprise, ou service, son tableau de bord et son schéma de construction.

En reprenant maintenant l'exemple de notre jeune société qui cherche à faire le point sur son développement, on obtient les indicateurs présentés sur la figure 2.5.

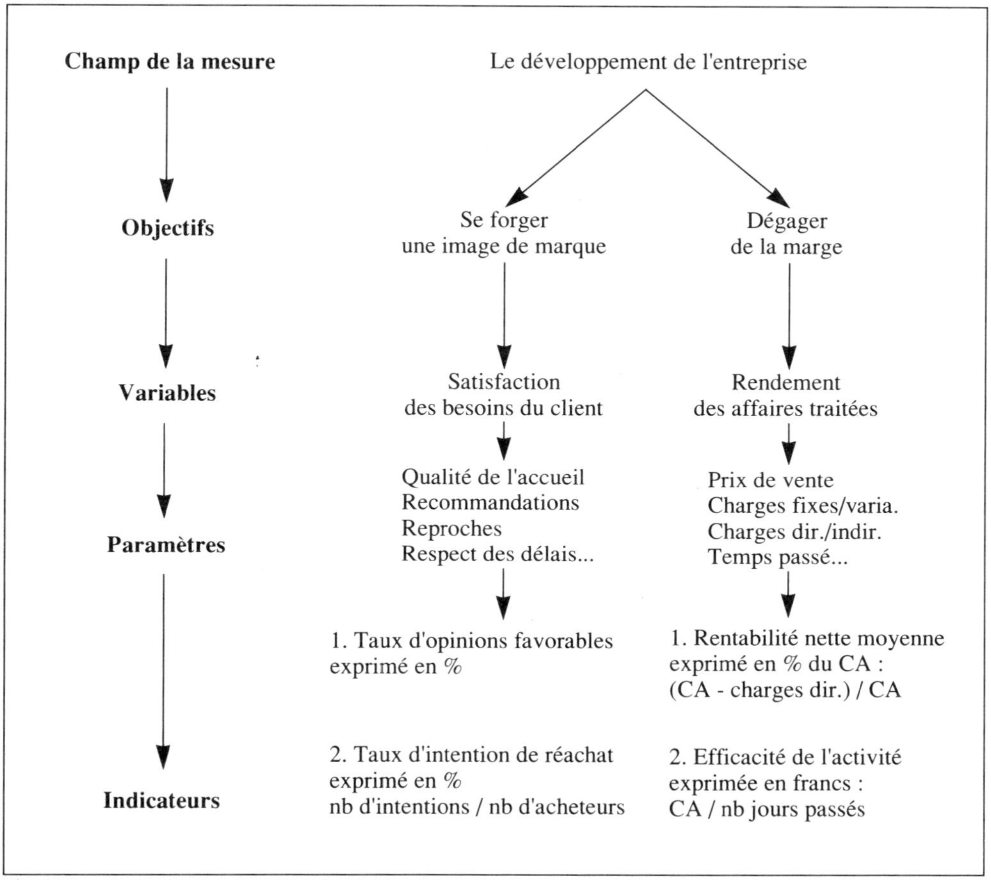

Figure 2.5 Sélection d'indicateurs (société en création).

Certains des indicateurs sélectionnés donnent matière à de plus amples explications afin d'être mieux resitués dans le contexte propre à cette entreprise.

Les charges directes, soustraites au chiffre d'affaires, (CA) viennent constituer l'indicateur de rentabilité nette moyenne de l'activité. Elles regroupent en fait l'ensemble des dépenses effectuées dans le cadre des missions de conseil et de formation et qui ne sont pas prises en charge par le client.

Pour saisir l'intérêt d'un indicateur d'efficacité de l'activité, qui met en rapport le CA réalisé et le nombre de jours passés sur le terrain pour donner un prix de vente moyen par jour, il faut intégrer quelques éléments propres au métier de conseil et de formateur. Sur les 200 jours ouvrables exploitables sur une année, un consultant ne peut envisager de passer plus de 100 jours sur le terrain, 100 jours facturables. Donc l'objectif de CA de la société contraint à un prix de vente moyen quotidien minimum. Si l'objectif est de 1 000 000 francs et que la société compte deux intervenants, elle ne possède donc que 200 jours pour atteindre son objectif et doit réaliser un CA moyen par jour vendu de 5000 francs. Tant que cette barre n'est pas franchie, l'activité n'est pas assez efficace, les affaires traitées insuffisamment rentables et la marge dégagée trop faible. Immanquablement le développement de l'entreprise s'en ressentira.

Une fois que l'on a sélectionné les indicateurs il convient de valider leur pertinence. Nous rappelons que l'objet d'un indicateur est de permettre la mesure en focalisant sur un point à partir duquel va débuter l'action.

Il est par conséquent logique pour valider la pertinence de l'indicateur de se poser la question : à la lecture de mes indicateurs, suis-je vraiment capable de faire le point sur le champ choisi par rapport aux objectifs fixés ?

2.2.6 Validation des indicateurs sélectionnés

Avant de mettre en œuvre sur le terrain les indicateurs que vous avez bâtis, il convient de s'assurer de leur cohérence. Dans l'affirmative, la simple lecture de l'indicateur doit vous permettre de faire le point sur le champ de mesure choisi. Constater la progression d'un indicateur doit ainsi permettre de conclure sans aucun risque d'erreur à une progression au sein du champ de mesure. Il doit en être de même pour toute régression constatée (*cf.* figure 2.6).

Pour s'assurer de la pertinence de l'indicateur trouvé, la démarche consiste à remonter les différents stades en s'assurant de la cohérence entre les diverses étapes.

Dans l'exemple de la société de conseil en création, un indicateur apte à nous faire suivre la variable « satisfaction du client » aurait pu être le taux de réachat, exprimé en % du nombre total de clients.

Deux cas sont alors envisageables :

1. La progression du taux de réachat.
2. Stagnation du taux de réachat autour de 0 %.

Dans le premier cas, il est évident que la satisfaction du client s'améliore, donc que l'objectif lié à l'image de marque est en passe d'être atteint et que donc le développement de la société est assuré. Dans le second cas, la logique voudrait que par simple opposition au premier, on puisse valablement conclure que les clients ne sont pas satisfaits, que l'objectif poursuivi ne sera pas atteint et que le développement de l'entreprise est en péril. Cette conclusion est toutefois approximative. En effet qu'est-ce qui garantit que le non-réachat est lié à l'insatisfaction du client et non pas à des contraintes budgétaires ou tout simplement à une absence de besoins ?

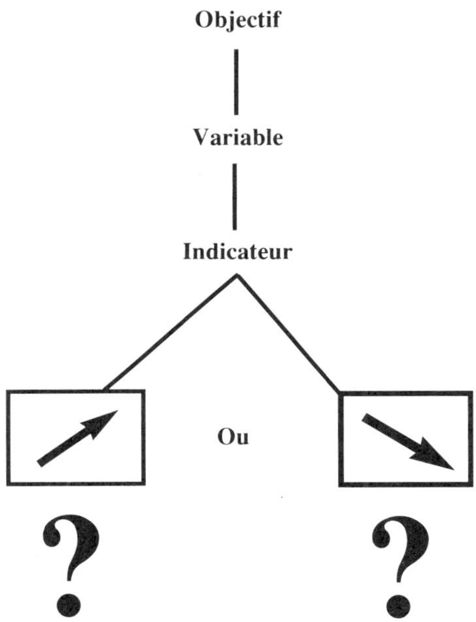

Figure 2.6 Validation des indicateurs sélectionnés : la lecture des indicateurs doit permettre de faire automatiquement le point sur le champ de mesure choisi par rapport aux objectifs fixés.

Cet indicateur ne permet donc pas de faire systématiquement le point de façon pertinente sur le champ de mesure choisi par rapport aux objectifs fixés.

Un indicateur n'est pertinent au sens où nous venons de le définir qu'à un instant donné. Au fil du temps, il est indispensable de le surveiller et de tester sa validité.

Tout comme les produits laitiers, les indicateurs ont en effet une date limite de consommation. Toutefois si l'on connaît à l'avance cette échéance pour un yoghourt, il est plus difficile de la prévoir pour un indicateur. Il existe néanmoins des signes tangibles de péremption.

Le plus répandu d'entre eux est la régularité des résultats obtenus. Un indicateur régulièrement « bon » par rapport à l'objectif doit être revu.

Trois façons de faire sont envisageables :
1. Dans la mesure du possible, on rehausse l'objectif qui lui est assigné pour se rapprocher de l'optimum. En exploitant un taux de satisfaction client qu'on souhaitait à l'origine faire tourner autour de 60 %, si l'on s'aperçoit d'une régularité à ce niveau, on est en droit de relever l'objectif à 75 % ou 80 % voire plus.
2. Lorsque l'on plafonne régulièrement au maximum possible, on peut alléger la fréquence de l'étude de l'indicateur.
3. Enfin, on peut extraire l'indicateur du tableau de bord « opérationnel » pour en faire un indicateur de « surveillance », qui sera alors partie intégrante d'un tableau de bord de synthèse (*cf.* chapitre 5 § 5.7 et chapitre 6).

En somme, et pour reprendre l'image de départ, c'est un peu comme quand on transforme du lait en beurre. C'est toujours du lait, mais l'utilité est toute autre ....

Nous avons trouvé les indicateurs et évalué leur pertinence. Il convient maintenant de les visualiser afin de les rendre simples et compréhensibles et d'en faire un véritable outil de communication, induisant de fait l'adhésion et l'implication avant l'action. Cet outil c'est le tableau de bord.

Le tableau de bord répond donc à la question : comment visualiser les indicateurs ?

2.2.7 Élaboration du tableau de bord

L'objet de la construction d'un tableau de bord est de regrouper sur un même document tous les indicateurs sélectionnés dans le champ de mesure choisi. Document de synthèse, le tableau de bord devra en outre être un outil de visualisation.

Pour rendre le tableau de bord lisible et compréhensible, un certain nombre d'informations doivent y figurer :
- le champ de mesure,
- la variable suivie,
- le type d'indicateurs,
- l'unité de mesure,
- l'objectif que l'indicateur doit atteindre.

Enfin tout tableau de bord doit être daté. Daté, le tableau de bord est un document qui permet de visualiser des indicateurs de manière simple et compréhensible.

A priori il n'existe pas de visualisation type. Toutefois certains tableaux de bord sont aujourd'hui plus répandus dans les entreprises. A titre d'exemple nous citerons :

– le graphe camembert,
– le graphe en courbe,
– le graphe en toile d'araignée.

Le graphe en « camembert » permet de visualiser une répartition (*cf.* figure 2.7).

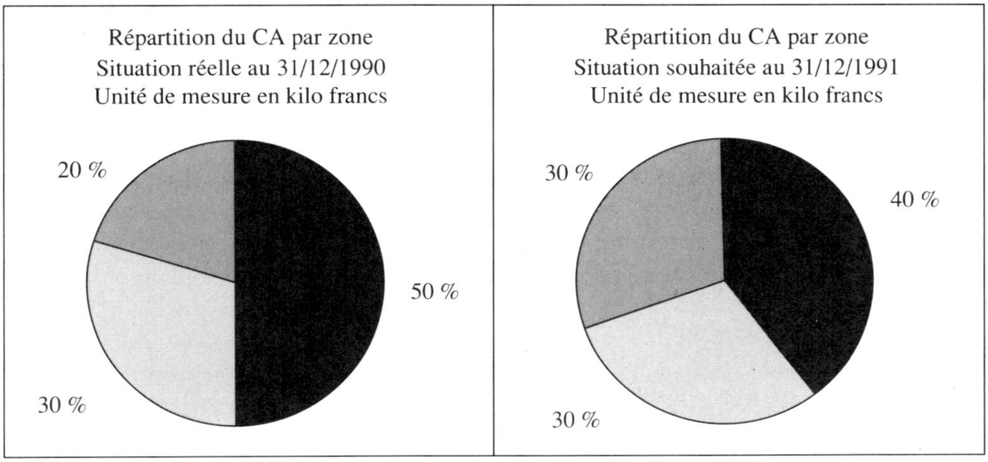

Figure 2.7 Le graphe camembert.

Le graphe en courbe donne une vision de l'évolution de l'indicateur dans le temps (*cf.* figure 2.8).

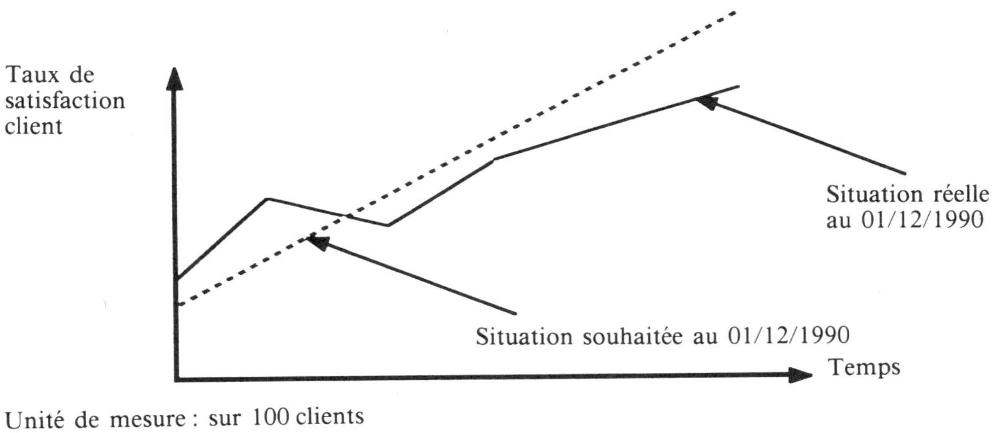

Figure 2.8 Graphe en courbe.

Le graphe en toile d'araignée représente une situation d'ensemble, à partir de la position de chaque indicateur, et ce pour huit indicateurs au plus.

Son utilisation implique l'emploi d'une échelle identique pour chaque indicateur (*cf.* figure 2.9).

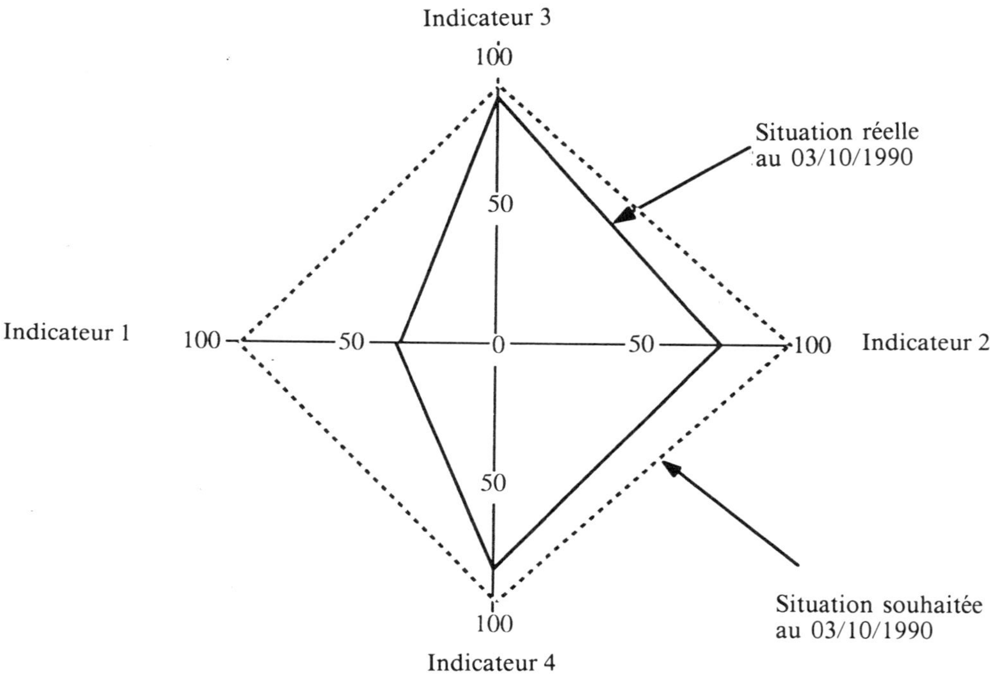

Figure 2.9 Le graphe toile d'araignée.

2.2.8 Synthèse

La figure 2.10 présente à la fois l'ensemble des étapes de la méthode proposée et les questions qu'il faut se poser pour dérouler le processus de construction des indicateurs et du tableau de bord correspondant.

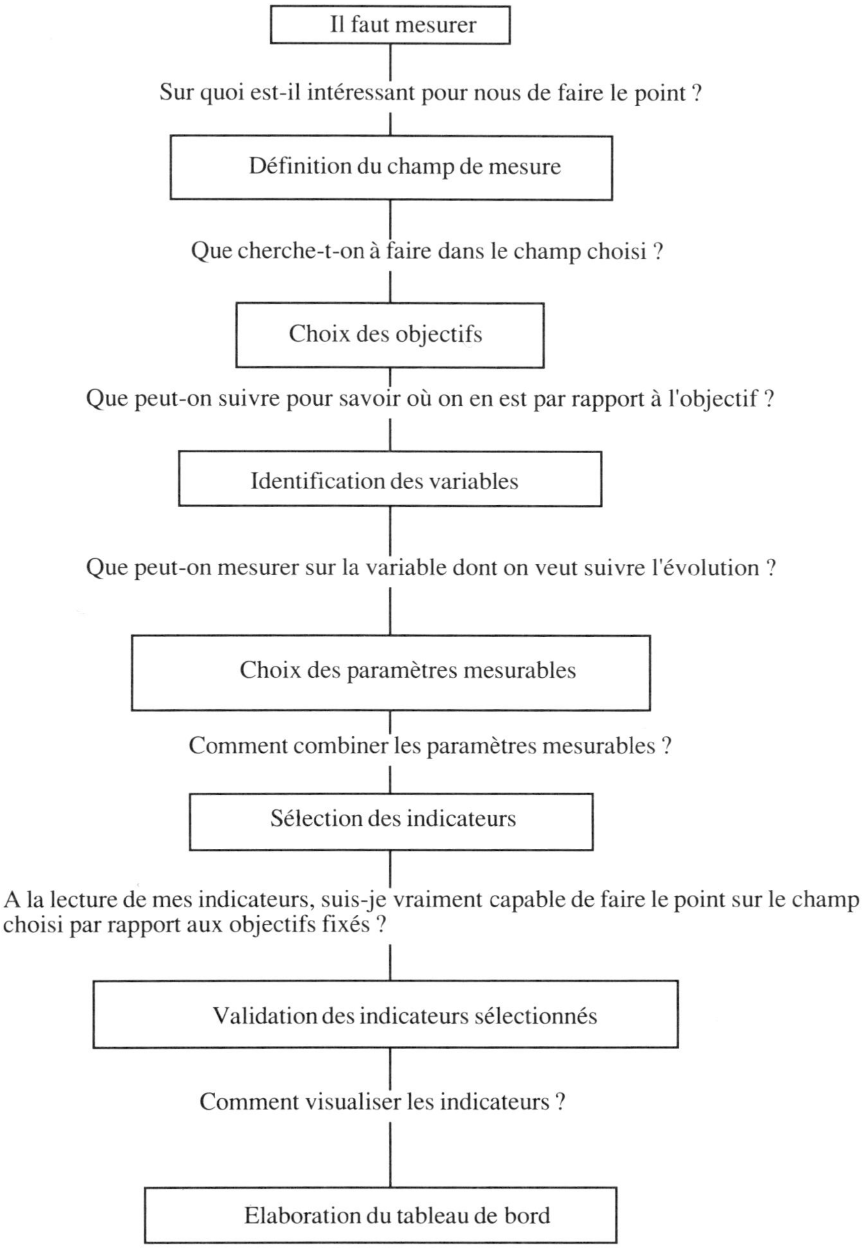

Figure 2.10 Processus d'élaboration d'un tableau de bord.

Comme tout système, la méthode que nous venons de décrire comporte des avantages et des inconvénients. On les définira cependant plus comme des portées et limites en condition d'utilisation.

Les limites vont surtout apparaître au niveau des réactions que l'utilisation de la méthode peut entraîner chez les participants.

D'une part elle peut apparaître comme lourde et contraignante tant qu'elle ne sera pas bien maîtrisée, ce qui lui conférera un caractère momentanément rébarbatif.

D'autre part, telle qu'elle est conçue, la méthode donne naissance à plusieurs indicateurs qui sont autant de sources d'informations sur un même champ de mesure. Elle ne permet pas de faire le point d'un seul coup d'œil et d'avoir une idée synthétique sur le champ considéré.

Enfin, lors de la mise en œuvre, et parce que la méthode fait sans arrêt appel au bon sens, à la créativité, et à la rigueur, les premières applications sont ressenties comme délicates et assez complexes.

Les avantages sont cependant indéniables.

D'une part, la méthode possède son propre verrouillage. En effet après avoir trouvé un indicateur, il suffit de remonter les différentes étapes pour savoir s'il est pertinent ou non.

D'autre part, cette méthode est utilisable à tous les niveaux dans l'entreprise, car elle ne fait pas appel à des connaissances particulières. Elle est ainsi accessible à tous.

Enfin elle a été élaborée en conformité avec l'état d'esprit et les principes qui prévalent généralement lors de l'engagement d'une démarche qualité. Avant tout participative, elle utilise en effet largement un travail en groupe structuré.

En apportant une nouvelle méthode de travail, elle modifie les façons de faire et induit un changement positif dans les façons d'être.

Cette analyse rapide des forces et faiblesses de cette méthode revient à dire que « sur le papier », elle est solide, cohérente, progressive, pleine de bon sens donc performante sur le terrain.

Mais, c'est justement dans son utilisation que tout va se jouer. La mise en œuvre de la méthode n'est pas forcément aussi aisée que son apprentissage théorique. C'est pourquoi le chapitre suivant (chapitre 3) traite des étapes à suivre pour la mise en œuvre afin de prévenir l'apparition de difficultés majeures lors de l'utilisation.

3
Mise en œuvre de la méthode

3.1 Les cinq étapes clefs

Le respect des cinq étapes suivantes conditionne la réussite de la méthode (*cf.* figure 3.1).

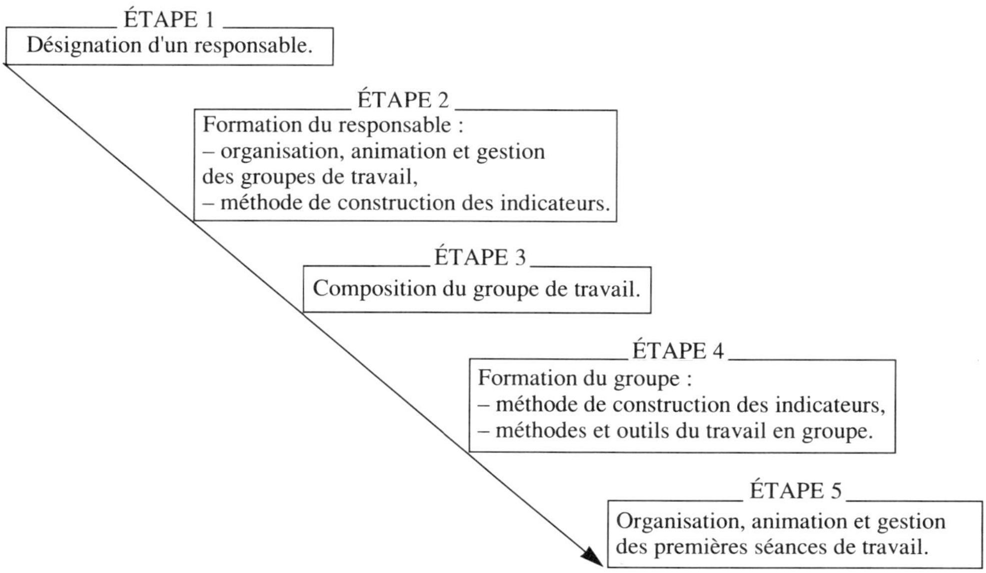

Figure 3.1 Mise en œuvre de la méthode : les cinq étapes clefs.

3.1.1 Désignation d'un responsable

La première étape consiste pour la direction de l'entité concernée à déterminer qui sera chargé de la mise en œuvre. En tout premier lieu, l'opération devra être placée sous la responsabilité d'une seule personne. Peu d'éléments conditionnent ce choix, si ce n'est qu'il est préférable d'opter pour un membre de l'équipe d'encadrement ayant les moyens d'engager des actions et ce de manière autonome.

Compte tenu du travail à effectuer d'une part, et de la formation qu'il est nécessaire d'acquérir d'autre part, « M. Mesure » devra avoir un profil d'animateur.

D'après le *Petit Robert*, un animateur est :

– « une personne qui anime une entreprise par son ardeur et son allant ;
– une personne qui présente et commente un spectacle (music-hall, TV, ...) ;
– une personne qui dirige certaines activités culturelles. »

« M. Mesure », en situation d'animation, sera un peu de tout cela, car il doit à la fois faire preuve d'ardeur, d'intérêt, mais aussi parfois d'humour, d'esprit de conciliation, voire de sévérité.

Nous proposons pour notre part une définition peut-être plus adaptée : l'animateur sera la personne chargée de mettre en évidence l'intérêt d'une rencontre, d'orienter un débat vers les idées soulevées par le sujet de la réunion.

Un profil type, conforme à cette définition, se caractérise par les éléments suivants :

– il doit être à l'aise face à un groupe ;
– il doit aussi savoir écouter, percevoir et gérer les interactions, analyser et exploiter les réactions individuelles ;
– il doit enfin être connu pour son intégrité, sa capacité à rester neutre et ne jamais porter de jugement *a priori* ou avec parti pris.

3.1.2 Formation du responsable

Une fois désigné, ce M. Mesure aura à acquérir les compétences méthodologiques et pédagogiques indispensables. Afin de pouvoir être le garant du bon déroulement de l'élaboration des indicateurs, de la construction du tableau de bord et de son exploitation, il devra parfaitement maîtriser la méthodologie, ainsi que les outils pédagogiques nécessaires pour l'enseigner à ses utilisateurs.

Dans ce but, avant toute action, il devra suivre et assimiler une formation aux méthodes et outils nécessaires à l'organisation, l'animation et la gestion des groupes de travail.

Cette condition remplie, son premier travail consistera en une séléction des individus aptes à former le groupe qui va travailler sur la mesure.

3.1.3 Composition du groupe de travail

Le groupe est l'outil fondamental de la mise en pratique de la méthode. Cette importance du phénomène de groupe pour construire et exploiter un système de mesure découle très logiquement des propriétés fondamentales de la mesure qui font de celle-ci un puissant levier de motivation, apte à fédérer les membres de l'entité concernée.

Pour composer son groupe, le responsable devra s'assurer du respect des éléments suivants :

1. Le groupe sera représentatif de l'entité.
2. Les membres doivent être tous concernés par les indicateurs à élaborer.
3. Leur nombre sera de préférence compris entre 4 et 8.
4. Leur plein accord pour y participer est indispensable.

Ces critères sont tout droit issus des quelques grands principes de la dynamique de groupe. Il est en effet clair que tout participant à un groupe de travail, non concerné par le sujet, va se révéler nuisible à la bonne marche du groupe. Par ailleurs un nombre de participants inférieur à 5 est trop faible pour que l'animateur puisse tirer parti des ressources du groupe et créer une véritable dynamique. Au-delà de 8, il devient délicat pour ce même animateur de gérer la diversité et de conserver au groupe sa cohésion.

Dans ce cadre, le travail du responsable va alors consister à concevoir et effectuer une formation/action apte à transférer au groupe la méthode afin que tous la comprennent et y adhèrent pleinement.

– Le nombre des participants

D'une manière générale, le nombre de personnes participant à un groupe de travail est un élément clef de son efficacité. Le rendement d'un groupe augmente rapidement avec le nombre de participants. En fait, la puissance collective de travail est bien plus élevée que la somme des puissances de travail prise individuellement. L'effet de groupe par le réseau de communication et d'échange qui se crée entre les individus agit sur les ressources intellectuelles et créatives. Un simple travail à deux, ou trois, s'il est bien conduit, est déjà très productif. Pourtant le nombre de participants n'est pas encore suffisant pour que les outils du travail en groupe (brainstorming, pareto, matrices, ...) justifient d'une réelle utilité. C'est leur mise en œuvre dès que le groupe compte au moins quatre personnes qui optimise l'efficacité du travail en groupe.

Cependant au-delà de huit personnes, le groupe perd très vite de son potentiel, du fait que les conditions optimales de l'utilisation des méthodes de travail en groupe ne sont plus réunies. En effet l'animateur ne peut plus jouer son rôle de régulateur et de dynamiseur, sa disponibilité n'étant plus suffisante pour gérer toutes les réactions du groupe. Il ne peut ainsi que partiellement le guider dans sa progression.

3.1.4 Formation des participants

C'est assurément une action à entreprendre. Ceci n'est pas aussi simple qu'il y paraît. Beaucoup d'entreprises croient encore aujourd'hui qu'il suffit d'asseoir des personnes autour d'une table pour que « ça marche ». C'est oublier que travailler à plusieurs n'implique pas automatiquement travailler en groupe. Un groupe n'est pas la simple juxtaposition d'individus différents. Un véritable travail de groupe repose sur une dynamique bien particulière qui puise ses ressources à la fois dans une préparation rigoureuse de la séance, la qualité de l'animation, le respect d'une méthodologie claire et bien comprise. Ce mythe du « croire savoir » est d'ailleurs un élément à intégrer pour élaborer ou faire élaborer le programme de formation. Celui-ci sera d'autant mieux adapté qu'il comportera une phase de sensibilisation.

Au travers d'une mise en situation apte à faire ressortir les différents dysfonctionnements vécus par un groupe, on suscite dans un premier temps une prise de conscience.

Dans un second temps, on fait apparaître que dans une même situation, l'utilisation d'une méthodologie et d'outils appropriés permet au groupe d'aboutir à un résultat bien meilleur. Cette « pédagogie de l'échec » fait vivre et ressentir aux individus concernés les phénomènes propres à la dynamique du groupe et l'utilité de bien gérer ces phénomènes à l'aide des outils prévus. Pour former le groupe à la méthode de construction des indicateurs, différentes façons de faire existent. Quelles qu'elles soient, toutes doivent reposer sur une relative simplicité et une forte interactivité. Il est fortement recommandé de s'appuyer sur une étude de cas qui, au travers d'un exemple simple et ludique, fera apparaître progressivement les étapes de la méthode.

Les objectifs alors poursuivis sont de :
– faire comprendre,
– faire adhérer,
– mettre en évidence les points de passage obligés.

Cette présentation ne doit pas excéder une demi-journée. Il est important en effet que, très vite, on puisse parler au groupe de « ses » problèmes et donc se lancer dans la construction de « son » tableau de bord.

3.1.5 Organisation, animation et gestion des séances de travail

Une fois formé, le groupe peut entamer son travail d'élaboration du système de mesure. Conçu comme une succession de réunions, ce travail doit donc être organisé et préparé par le responsable. A ce niveau, il aura à conduire trois types d'action.

– Définir
  - → Le sujet de la séance de travail (choix du champ, construction du tableau de bord, ...).
  - → Le type de réunions (créativité, information, ...).
  - → Le but de la séance.

– Concevoir
  - → L'ordre du jour.
  - → Les documents préparatoires à fournir lors de la séance.

– Préparer
  - → L'organisation de la logistique (date, lieu, matériels, ...).
  - → La rédaction et la diffusion d'une convocation.

Tous ces éléments sont indispensables au bon déroulement des séances de travail et seront synthétisés sur une convocation (*cf.* figure 3.2).

La matrice (*cf.* figure 3.2) n'est présentée qu'à titre indicatif. Elle présente l'avantage d'être exhaustive quant aux éléments clefs que tout participant doit connaître afin d'optimiser le temps passé en réunion. En outre plus ce document sera complet, plus l'animateur guidera son groupe avec facilité.

– Les éléments figurant sur la convocation

Une convocation est un document de synthèse, ce qui signifie que les éléments qui la composent sont tous importants à connaître.

Ceci étant, il en est d'indispensables qui non seulement garantissent le bon déroulement de la réunion et dont l'absence serait une entrave certaine à l'efficacité du travail.

Il s'agit :
- du sujet de la réunion,
- de son objectif,
- de l'ordre du jour,
- du timing.

Ces quatre éléments ont en commun d'être une aide précieuse à l'animation. En effet, à partir d'un sujet bien défini, d'un objectif à atteindre bien cerné par tous les participants, d'une progression logique dans les thèmes à aborder et d'une quantification horaire, l'animateur est bien à même de canaliser le travail du groupe et de le recentrer en cas de dérives.

De plus porter ces éléments à la connaissance des participants a également le mérite de clarifier les idées et de prévenir d'éventuelles digressions.

<table>
<tr><td>Convocation
Expédiée le :</td><td colspan="3">Date de la réunion :
Organisateur :</td></tr>
<tr><td colspan="4">Type de réunion :
Sujet :
Objectif :</td></tr>
<tr><td>Lieu :</td><td colspan="3">Durée Début : Fin :</td></tr>
<tr><td>Participants :</td><td colspan="3">Travail préalable :</td></tr>
<tr><td colspan="2">Ordre du jour</td><td>Qui</td><td>Quand</td></tr>
<tr><td colspan="2"></td><td></td><td></td></tr>
</table>

Figure 3.2 Matrice de convocation à une réunion.

Définir avec précision le sujet de la réunion, ce dont on parle, revêt un intérêt particulier. En effectuant cette définition préalablement au déroulement de la séance de travail, on valide dans le même temps la nécessité d'un travail de groupe pour traiter du sujet. Par ailleurs, identifier par l'objectif ce que l'on cherche à faire dans la réunion s'avère fondamental pour deux raisons bien précises :
– d'une part l'existence d'un objectif commun constitue le ciment qui donne au groupe sa cohésion ;
– d'autre part, cela aide à statuer sur l'efficacité réelle du travail de groupe.

L'ordre du jour qui indique, en fonction du sujet et de l'objectif choisi, la progression dans les thèmes abordés, permet lui aussi d'éviter les dérives dans la mesure où plusieurs progressions sont envisageables et qu'il faut bien se mettre d'accord sur l'une d'entre elles pour avancer.

En clair, définir *a priori* un objectif précis permet de gagner du temps et une plus grande efficacité. Enfin un timing, même approximatif qui quantifie l'importance relative de chaque thème stimule l'action, à la manière d'une exploitation d'indicateurs...

C'est un bon moyen de concentrer les énergies du groupe et de répartir l'effort de créativité nécessaire.

– Le rôle de l'animateur

Avant tout l'animateur s'attachera à respecter les spécifications établies lors de l'organisation de la réunion. Il veillera tout particulièrement au respect de l'objectif et à l'application de la méthode. En tant que tel, il en est le garant.

Il est aussi pour les participants un guide. En effet sa présence se justifie par le fait qu'un débat n'aboutit à quelque chose de satisfaisant que s'il est conforme au sujet choisi et poursuit l'objectif fixé. L'animateur doit donc mettre toute son énergie au recentrage du débat. De plus il va gérer les différentes interventions des participants en sachant que chaque opinion émise tient compte en grande partie des situations personnelles. Il lui faudra alors reformuler les opinions de chacun en des termes appropriés à l'objectif poursuivi et au sujet traité.

Il doit également veiller à assurer la progression prévue par l'ordre du jour, tout en garantissant l'assimilation de chacune des étapes. A ce titre, il effectue des synthèses partielles qui cristallisent petit à petit la mémoire du groupe.

Sans perdre de vue le fil conducteur de sa réunion et son rôle d'orientation des échanges, l'animateur doit également maintenir une ambiance décontractée et conviviale. Cela permet à chacun de se sentir à l'aise et donc plus en confiance au sein du groupe. Cette attitude n'exclut pas pour autant une certaine fermeté propre à gérer d'éventuels relâchements ou diversions. La bonne ambiance, comme la concentration des participants sont aussi des clefs de l'efficacité du groupe.

Ce rôle va se traduire par un certain nombre d'actions à accomplir tout au long de la séance.

En phase de lancement, la tâche de l'animateur consiste à tout mettre en œuvre pour que les personnes réunies cherchent à mobiliser leurs énergies pour atteindre un objectif commun. Pour cela, il va rappeler le sujet de la réunion, son objectif, en prenant soin de le faire valider. Il présentera ensuite les participants et évoquera les raisons essentielles de leur présence. Il énoncera également le plan, la méthode et les outils choisis pour traiter les thèmes à l'ordre du jour. Enfin, il obtiendra qu'un membre du groupe se désigne comme rapporteur.

Au cours de la réunion, le travail de l'animateur s'articulera autour de deux axes essentiels : régulation du débat et recentrage.

Pour réguler, il n'est pas nécessaire d'établir un contrôle des temps de parole ou de demander à tel ou tel participant de se mettre moins en avant. Il s'agit plutôt de favoriser l'expression de tous en contenant et posant le débat.

Le recentrage intervient quand le groupe s'éloigne du sujet (déviations, conflits personnels, ...) ou semble s'essoufler (participants à court d'idées, longs silences, ...). L'animateur peut intervenir de plusieurs manières :

– apporter des éléments nouveaux,
– faire intervenir des participants peu expressifs jusque là pour stimuler les autres,
– rappeler l'importance de la réunion pour remotiver le groupe autour des objectifs fixés,
– etc.

Pour conclure la séance, il sera opportun d'effectuer un rappel des décisions prises et des points importants, de s'assurer du concensus autour de ces éléments.

L'animateur exerce en définitive une double fonction :

– il pilote le groupe et pour cela :
  - rappelle le sujet,
  - fait valider l'objectif,
  - présente les participants,
  - présente l'ordre du jour, la méthode et les outils choisis,
  - désigne un rapporteur,
  - recentre le groupe au cours des débats,
  - effectue des synthèses partielles,

– il facilite la communication et pour cela :
- aide à la compréhension,
- favorise l'écoute de l'autre,
- freine les bavards,
- incite les silencieux.

3.2 Les premières séances de travail

3.2.1 Séance n° 1

Une convocation résume bien l'objet et le déroulement possible de cette première séance (*cf.* figure 3.3).

<table>
<tr><td>Convocation
Expédiée le :</td><td colspan="3">Date de la réunion :
Organisateur : « M. Mesure »</td></tr>
<tr><td colspan="4">Type de réunion : échange et décision
Sujet : construction des indicateurs
Objectif : sélectionner la ou les variables à suivre</td></tr>
<tr><td>Lieu :</td><td colspan="3">Durée 1 h 30 Début : Fin :</td></tr>
<tr><td>Participants :</td><td colspan="3">Travail préalable : avoir assimilé la formation à la méthode.</td></tr>
<tr><td colspan="2">Ordre du jour</td><td>Qui</td><td>Quand</td></tr>
<tr><td colspan="2">1. Identification du champ de mesure
outils : brainstorming[1]
matrice de comparaison</td><td>groupe</td><td>1/3</td></tr>
<tr><td colspan="2">2. Définition de l'objectif
outils : brainstorming
tri simple
matrice de comptabilité[1]</td><td>groupe</td><td>1/3</td></tr>
<tr><td colspan="2">3. Choix de la variable à suivre
outils : brainstorming
matrice de comparaison</td><td>groupe</td><td>1/3</td></tr>
</table>

1. *Cf.* mémentos *Les outils du management de la qualité* de A. Bernillon et O. Cérutti (Éd. Organisation).

Figure 3.3 Convocation pour la séance de travail n° 1.

Au cours de la séance, le choix des objectifs est la phase qui devra faire l'objet d'un consensus le plus large possible. Dans cet esprit, mieux vaut opter pour des objectifs qui tout en restant conformes à l'état d'esprit d'amélioration permanente, soient raisonnables.

Ils n'en seront que mieux compris et admis, offrant ainsi de sérieuses probabilités d'être atteints. Après la séance le responsable réalisera une synthèse écrite et soumettra celle-ci pour validation ou au moins information, à la hiérarchie (*cf.* figure 3.4).

Durant les séances suivantes, cette même matrice servira de support pour présenter les éléments les plus importants de ces séances.

Comment aider les participants dans le choix du champ de mesure ?

Toute la réussite de cette étape repose sur les épaules de l'animateur. Pour ce faire, il doit insister sur l'aspect collectif de la définition d'un champ de mesure. On détermine sur quoi il est bon de faire le point en fonction des préoccupations de l'entité concernée par le tableau de bord en construction.

La réflexion des membres du groupe doit donc être construite en marge des préoccupations individuelles sous peine de rencontrer une incompréhension de la part des participants face à ce qui est demandé.

C'est en animant la construction d'un tableau de bord pour un groupe d'amélioration de la qualité que nous avons rencontré cette difficulté. Un participant semblait très loin des discussions et du travail du groupe. En sollicitant sa participation à l'effort collectif de réflexion, on s'est clairement rendu compte qu'il ne comprenait pas ce qui lui était demandé lorsqu'il nous répondit « qu'en tant que membre du service du personnel chargé de la paye », il ne voyait ni « ce que cette fonction apportait au groupe », ni « en quoi il pouvait être utile dans le choix du champ ». En fait, il a été nécessaire de le faire « sortir » de son rôle quotidien en considérant, non plus son statut individuel dans la société, ce qui à l'évidence restreignait sa capacité créative, mais plutôt son appartenance à un groupe chargé, pour la circonstance, d'élaborer le tableau de bord de suivi d'une démarche d'implantation de la qualité. Ce déconditionnement a débloqué la situation et redonné un souffle créatif à l'ensemble du groupe.

Ce court récit d'une expérience vécue illustre à nouveau combien l'animateur, par sa capacité d'écoute et de recentrage, son rôle explicatif, est la clef de voûte de l'édifice. Il fait également ressortir que le choix des participants est primordial. De fait cette personne n'était pas « naturellement » concernée par le travail en cours. Après recentrage, cependant, elle s'est sentie plus à l'aise, donc plus productive.

3.2.2 séance n°2

Une deuxième séance suffit généralement à la construction des indicateurs si l'on respecte le canevas proposé par cette nouvelle convocation : (*cf.* figure 3.4).

Là encore, l'information de la hiérarchie est indispensable. Pour le responsable, il s'agira de présenter, pour éventuellement les défendre, les résultats des travaux du groupe à la hiérarchie. Son principal souci sera alors de susciter l'adhésion.

<table>
<tr><td>Convocation
Expédiée le :</td><td colspan="3">Date de la réunion :
Organisateur : « M. Mesure »</td></tr>
<tr><td colspan="4">Type de réunion : échange et décision
Sujet : construction des indicateurs
Objectif : sélectionner les indicateurs pertinents</td></tr>
<tr><td>Lieu :</td><td colspan="3">Durée 1 h 30 Début : Fin :</td></tr>
<tr><td>Participants :</td><td colspan="3">Travail préalable : avoir assimilé la formation à la méthode.</td></tr>
<tr><td colspan="2">Ordre du jour</td><td>Qui</td><td>Quand</td></tr>
<tr><td colspan="2">1. Choix des paramètres mesurables
outils : brainstorming[1]
tri simple</td><td>groupe</td><td>1/3</td></tr>
<tr><td colspan="2">2. Sélection des indicateurs
outils : brainstorming
tri simple
matrice de comparaison[1]</td><td>groupe</td><td>1/3</td></tr>
<tr><td colspan="2">3. Validation des indicateurs choisis</td><td>groupe</td><td>1/6</td></tr>
<tr><td colspan="2">4. Synthèse des séances 1 et 2</td><td>anim.</td><td>1/6</td></tr>
</table>

1. *Cf.* figure 3.3.

Figure 3.4 Convocation pour la séance de travail n°2.

Les premières séances de travail sont-elles immédiatement productives ?

La durée des séances de travail indiquées sur les matrices correspondantes (*cf.* figures 3.3 et 3.4) évalue le temps que passerait un groupe « rôdé » à la méthode et aux techniques du travail en groupe. Il faut s'attendre à des débordements pendant la période d'assimilation où chacun devra se familiariser avec la pratique. Dans ces conditions, il ne peut y avoir de durée maximale à ne pas dépasser. L'essentiel au cours de ces premières séances n'est pas vraiment le respect du temps imparti. Il importe au contraire d'obtenir des résultats qui fassent l'unanimité afin de garantir l'adhésion à la méthode. En définitive, l'animateur peut très bien prolonger une séance ou décaler le traitement des thèmes à l'ordre du jour si cela s'avère nécessaire pour assurer le résultat ou maintenir une progression homogène afin que certains des participants ne se sentent pas perdus.

Dans 95 % des cas, la nécessité d'effectuer des rappels de formation sur les points clefs de la méthode et l'utilité des outils et méthodes du travail en groupe rallonge la durée des premières mises en pratique. Les premières définitions de variables et les premières constructions de diagrammes d'Ishikawa ou de matrices de comparaison posent souvent problème aux participants.

Mais il n'y a là rien que de très normal. En toutes choses, passer de la théorie à la pratique se fait très progressivement.

3.3 Exemples de construction d'indicateurs

3.3.1 Société de service en création

Ce premier exemple a déjà été traité en grande partie au cours des pages précédentes (*cf.* § 2.2.5) afin d'illustrer chaque étape de la méthode. Nous le présentons maintenant dans sa version globale, qui nécessite toutefois quelques commentaires. On se souvient que cette société souhaite évaluer son niveau de développement.

De petite taille, cette société de conseil et formation en management exerce son activité en France et dans les DOM. Ce type de profession connaît quelques règles informelles de bon fonctionnement qui ont inspiré la construction des indicateurs (*cf.* figure 3.5). Cet aspect a déjà été abordé au paragraphe 2.2.5 pour étayer le bien-fondé et la pertinence de l'indicateur d'efficacité de l'activité.

L'indicateur de productivité est, lui aussi, directement corrélé à la règle qui veut que chaque journée passée sur le terrain correspond à une journée de préparation.

En clair, un cabinet conseil qui travaille « bien » ne peut mobiliser ses intervenants sur le terrain que pendant la moitié des jours ouvrés. Au-delà de cette limite, il ne peut assurer une conception suffisamment rigoureuse des actions entreprises, et donc la qualité des prestations. *A contrario*, si les intervenants ne sont pas sur le terrain 50 % de leur temps de travail, on peut considérer qu'il y a sous-utilisation de la « capacité de production » et donc, un manque à gagner pour l'entreprise. On se souvient par ailleurs que pour suivre la satisfaction du client, une première approche avait poussé à sélectionner le taux de réachat comme un indicateur possible. Or, il ne s'est pas révélé suffisamment pertinent. Par contre, un taux d'intention de réachat apparaît comme un baromètre plus fiable. On imagine en effet qu'un client satisfait, si le besoin s'en fait sentir, pourra de nouveau faire appel à la même société ou à défaut en manifester l'intention.

De même si on parvient à connaître ses intentions et qu'il n'est pas satisfait de l'intervention, il y a peu de chances pour qu'il réponde favorablement.

On s'aperçoit bien ici que l'efficacité d'un indicateur même s'il est pertinent va dépendre également de la collecte des informations nécessaires à son utilisation. Dans notre cas, un simple questionnaire distribué après une intervention suffit à collecter à la fois les intentions de réachat et la nature de l'opinion des participants.

D'une manière générale la collecte de données nécessite un traitement particulier (*cf.* chapitre 4).

3.3.2 Entreprise industrielle

Ce deuxième exemple concerne les indicateurs et le tableau de bord mis en place par le responsable qualité d'une entreprise industrielle d'environ trois cents personnes, fabriquant des menuiseries en PVC.

Les objectifs qui apparaissent sur le synoptique de la figure 3.6 sont les priorités fixées aux premières actions qualité engagées sur le terrain. Compte tenu du contexte, les premières actions « qualité » ont eu comme objectif d'assurer des livraisons complètes et dans les délais.

Dans le processus de traitement des commandes, le chiffrage des consultations et des commandes était une phase essentielle, responsable pour une bonne part d'erreurs dans le traitement des commandes et donc de retards ou de livraisons incomplètes. Il était donc fondamental de s'assurer que les moyens de chiffrage (homme / parc) soient en constante adéquation avec le travail à réaliser. Cette activité de chiffrage des consultations par un devis et des commandes par accusé de réception de commande (ARC) se quantifie en nombre de codes à saisir pour effectuer un chiffrage informatisé. Dans la même optique, l'organisation générale du travail administratif de préparation de la fabrication des produits codés (élaboration des commandes de fabrication, commandes des accessoires nécessaires, renseignements tenus à jour des documents commerciaux, comptabilité et administration, vérification des comptes clients, etc.) conditionne le délai de livraison. Un retard sur une étape administrative et c'est toute la fabrication du produit qui se retrouve

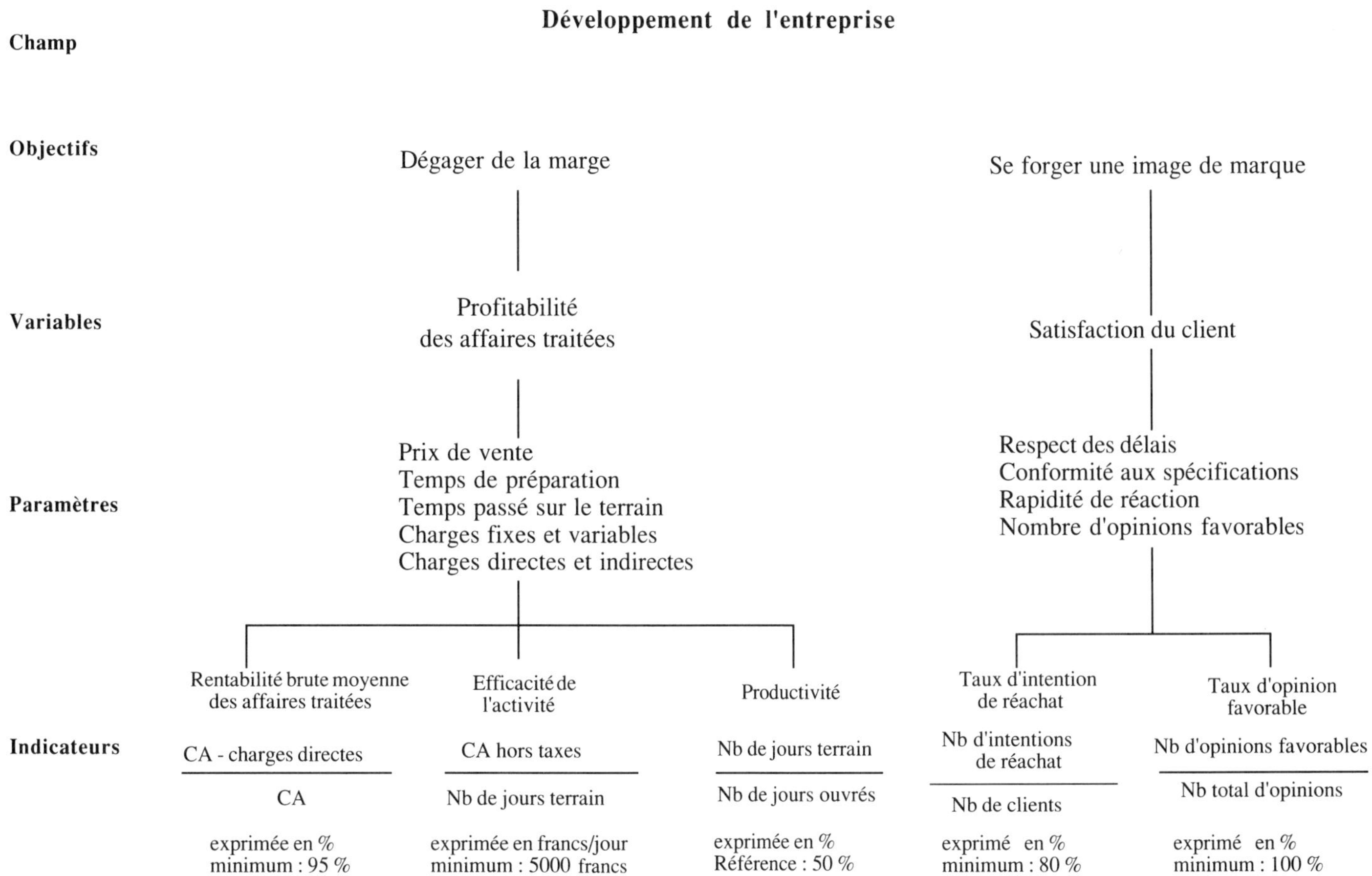

Figure 3.5 Présentation synoptique du tableau de bord de l'entreprise de service.

elle même perturbée, donc décalée dans le temps.

La capacité de chiffrage s'évaluera donc au travers du nombre de codes à traiter, d'une part, et au travers du nombre de codes que l'on est en mesure de chiffrer, d'autre part.

Notons enfin que la formule « 72 heures » désigne une procédure de remplacement des produits finis décelés non conformes ou manquants avant l'expédition chez le client. La fiabilité de cette procédure de remplacement permettra en cas de difficulté au cours de la réalisation d'assumer une livraison complète.

La simplicité apparente des indicateurs trouvés est bien révélatrice du piège tendu par la mise en place d'indicateurs. Dès que l'on examine le travail fini, on se demande si la méthode est réellement indispensable. Ce qui est sûr, c'est que la situation, au départ n'était malheureusement pas aussi claire. Une solution simple ne signifie pas forcément que le problème à traiter le soit tout autant.

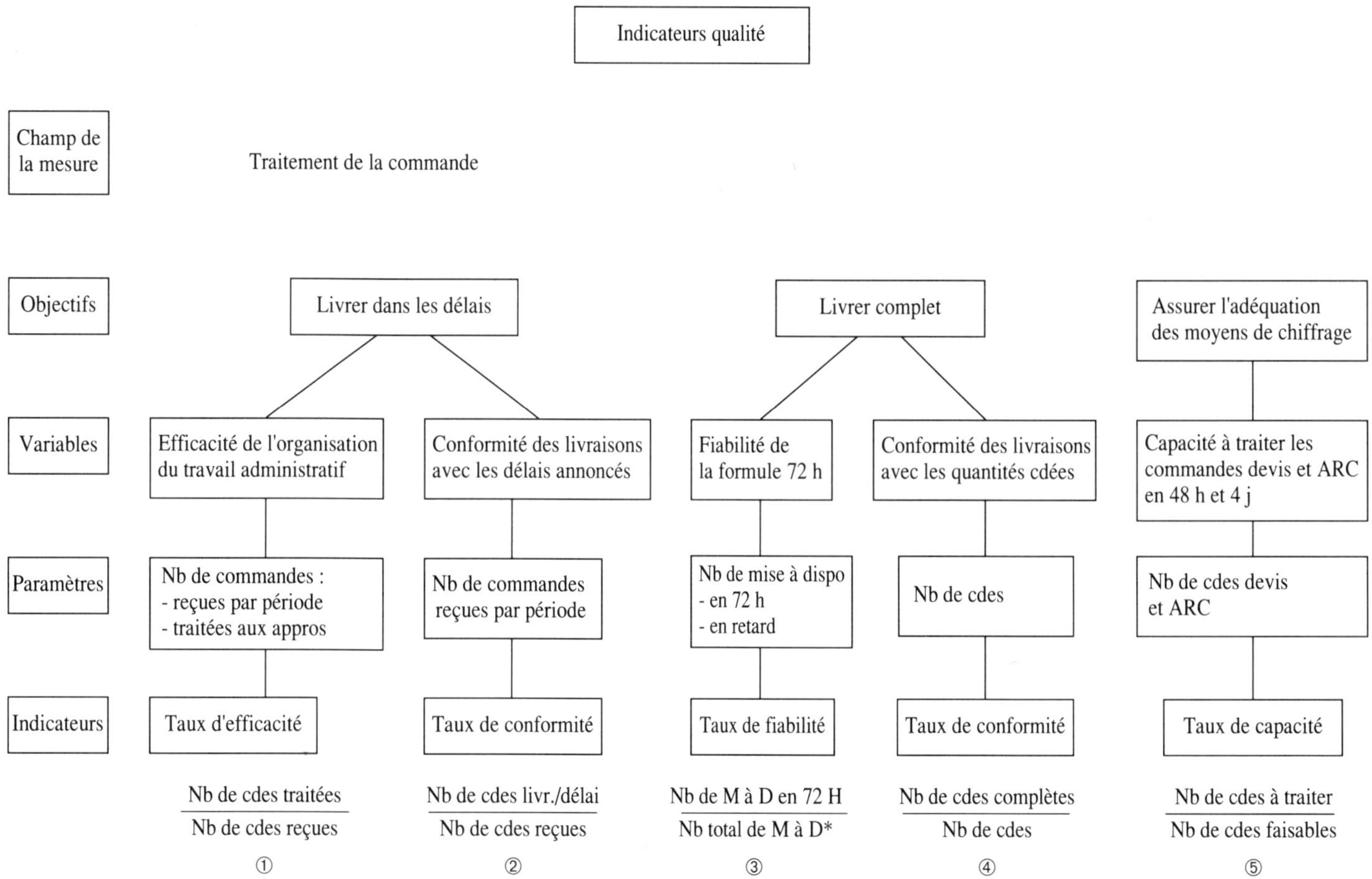

* M à D : Mise à disposition

Figure 3.6 Présentation synoptique du tableau de bord d'une entreprise industrielle.

4
Alimentation du tableau de bord La collecte de données

4.1 Introduction à la collecte de données

Jusqu'à présent cet ouvrage a développé :
– la vocation et le rôle d'un système de mesure dont le tableau de bord est le point focal ;
– la méthode pour construire ses propres indicateurs et son propre tableau de bord ;
– les étapes clefs et quelques exemples de mise en œuvre de cette méthode.

Par analogie à la figure 1.4 du chapitre 1 on a donc présenté et approfondi la « partie haute » du système de mesure.

Dans la démarche il nous reste maintenant à exploiter les résultats mis en évidence par le tableau de bord en les analysant.

La question que l'on peut se poser est maintenant la suivante : comment renseigner mon tableau de bord ? Où trouver les données chiffrées et les éléments qui vont me permettre de valoriser un taux de satisfaction ou un taux de conformité, ... ?

Un taux de satisfaction qui met en rapport un nombre d'opinions favorables et un nombre total d'opinions exprimées implique naturellement de pouvoir compter les « opinions » donc de les avoir recueillies par un moyen ou un autre : questionnaire d'évaluation, sondage, etc.

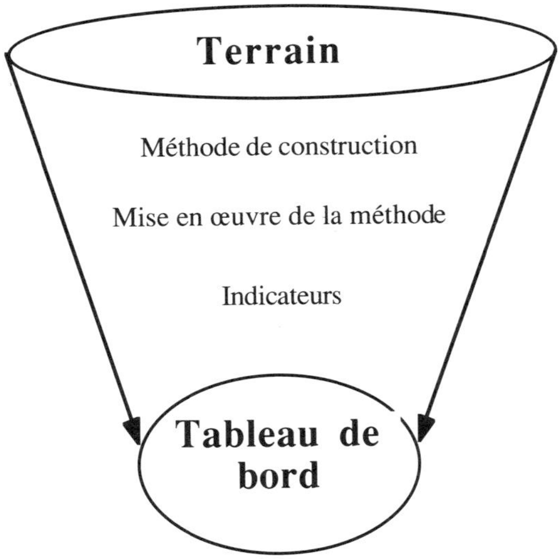

Figure 4.1 Partie haute du système de mesure.

La collecte de données se positionne donc dans le système de mesure préconisé juste après que le tableau de bord soit construit et juste avant une première lecture des indicateurs. Elle seule d'ailleurs rend cette lecture possible.

Une bonne collecte est un garant supplémentaire de la pertinence des renseignements fournis par nos indicateurs.

Dans l'absolu il n'est pourtant pas de collecte « idéale » puisqu'à chaque tableau de bord, correspondra une collecte bien précise. Au plus est-on en mesure d'édicter quelques éléments fréquemment retrouvés lorsque l'on conçoit et réalise cette collecte :

1. L'élément statistique est souvent présent voire prépondérant.
2. Chaque indicateur est susceptible d'entraîner la mise en place d'un système de collecte de données qui lui est propre.
3. Un indicateur simple (ex. : taux de satisfaction) peut entraîner la mise en place d'une collecte de données « complexe ».
4. Plus le système de collecte de données sera élaboré, plus les informations fournies par les indicateurs seront fiables.

4.2 La collecte de données : présentation de l'exemple

Nous avons eu la chance de contribuer à la mise en place du tableau de bord d'un service de communication interne d'un groupe international leader mondial de son secteur. Le récit de cette expérience nous a paru intéressant à double titre :
1. Parce que nous avons bien ressenti sur le terrain l'intérêt et l'utilité de la méthode.
2. La collecte de données qu'il a fallu concevoir s'est révélée suffisamment riche et complexe pour bien mettre en évidence jusqu'où une collecte peut et doit aller pour donner vie aux indicateurs.

La figure 4.2 présente le tableau de construction des indicateurs. Après l'approche de quelques éléments indispensables à sa bonne compréhension nous détaillerons la collecte de données mise en place.

Une des activités essentielles du service de communication interne est la conception, la réalisation, la diffusion et le suivi de tous les documents nécessaires aux unités opérationnelles pour la vente et la mise en utilisation des produits fabriqués :
- fiches techniques,
- plaquettes,
- mémentos techniques,
- service minitel,
- trois revues périodiques (actualité société, informations générales, etc.).

Cette activité d'information (*cf.* figure 4.2) a trois objectifs.

– Objectif 1 : répondre à la demande

Répondre à la demande en la matière, implique non seulement d'être conforme aux besoins des utilisateurs de l'information, mais aussi d'effectuer une gestion efficace des commandes reçues.

En effet les sites de distribution des produits effectuent de nombreuses et fréquentes commandes de l'un ou de l'autre des supports existants.

Les commandes répondent la plupart du temps à des besoins précis : manifestation promotionnelle, lancement de produits, participation à des salons. Il importe donc que les documents demandés parviennent dans les quantités requises et dans les délais. Pour un salon qui se tient un 25 avril par exemple, une livraison le 26 avril apparaît peu utile... !

Faire le point par rapport à ce premier objectif en suivant la satisfaction du client et l'efficacité du traitement des commandes, est d'autant plus important que la diversité des supports existants, la fréquence des commandes, le grand nombre de lieux et de dates de livraison rendent ce travail complexe et délicat.

– *Objectif 2 : informer et faire connaître*

L'information diffusée par ce service a un caractère technique fondamental. Elle doit en effet porter à la connaissance des distributeurs les aspects techniques fondamentaux des produits et donner en cela tous les éléments nécessaires à de bonnes recommandations sur le terrain. Compte tenu d'une gamme assez étendue et d'un niveau technologique assez élevé, les distributeurs ont besoin de ce type d'information pour pouvoir préconiser un produit précis dans des conditions d'utilisation précise. L'information qu'ils reçoivent à cet effet doit être suffisamment efficace pour prévenir leurs questions. C'est pourquoi plus le nombre de compléments d'informations (ou sollicitations) sera faible, plus l'information diffusée sera donc complète et efficace.

Dans le même temps tout nouvel apport technologique (modification des composants donc des propriétés d'un produit, les produits nouveaux, ...) doit être porté suffisamment tôt à la connaissance de ces mêmes distributeurs.

En effet ces nouveautés correspondent à des activités concurrentielles notables. On comprend mieux dès lors l'importance d'une mise à jour rapide des dossiers techniques correspondants.

En parallèle l'accessibilité du fond de l'information diffusée doit être suffisante pour permettre une bonne prise de connaissance. C'est un point crucial. L'information technique doit être suffisamment « vulgarisée » pour être diffusée à grande échelle et comprise par le plus grand nombre de distributeurs, mais rester suffisamment pointue pour garder une réelle signification.

La population des distributeurs est assez familiarisée avec les principes et les caractéristiques techniques des produits, mais elle n'est pas spécialisée. La clientèle quand à elle est demandeuse de précisions techniques.

Une information accessible et complète à la fois permettra aux distributeurs de mieux répondre aux attentes de sa clientèle pour vendre.

Pour les responsables de ce service de communication interne une information jugée claire dans le fond et accessible dans la forme pour les utilisateurs, permet de « bien informer et de bien faire connaître ».

– *Objectif 3 : respecter l'image de numéro 1 mondial*

L'image de cette société est très fortement associée à celle de son logo type. Pour une entreprise de renommée mondiale, c'est là un phénomène classique.

Pour autant lorsqu'il y a, comme c'est le cas ici une importante diffusion des documents en interne comme vers l'extérieur de l'entreprise, il est fondamental que tous ces documents véhiculent l'image de l'entreprise.

Dans notre cas le logo type figurant sur tous les documents diffusés, le respect de la charte graphique existante s'avère donc indispensable.

Cet aspect des choses s'est trouvé intégré au tableau de bord, parce que la réalité a révélé quelques diffusions « pirates » où figurent de vagues imitations du logo.

Par ailleurs cette société en tant que numéro 1 mondial a énormément misé sur une forte crédibilité et un aspect sécurisant des produits comme éléments constitutifs de son image.

Ces deux éléments sont, certes implicitement véhiculés par le logo type, mais ils doivent se retrouver dans tout ce que la société diffuse, information comprise bien entendu. C'est pourquoi, il est important de tester cette crédibilité.

Autour de ces trois objectifs se sont donc construits les indicateurs figurant sur le synoptique de la figure 4.2. C'est pour arriver à renseigner les indicateurs dits de satisfaction (n° 1, 6, 7, 9) et les indicateurs dits de performance (n° 2, 3, 4, 5) qu'a été conçue et mise en place la collecte de données décrite dans le paragraphe 4.3.

– Comment arriver à évaluer le degré de satisfaction des utilisateurs ou clients du service quant à la conformité à tous les besoins de l'information diffusée, quant à l'accessibilité du fond de cette même information ou à son aspect crédible et sécurisant ?

– Comment obtenir les données chiffrées nécessaires à l'évaluation du respect des délais de livraison ou de mise à jour ?

– Comment récolter enfin les données utiles au suivi de la conformité des commandes ou de l'évolution du nombre et de la variété des sollicitations (demandes d'informations complémentaires) reçues ?

Tels étaient les principaux problèmes à résoudre par la collecte de données.

4.3 Étude approfondie de l'exemple

4.3.1 Les indicateurs de satisfaction (*cf.* figure 4.2 indicateurs 1, 6, 7, 9)

Afin de connaître le degré de satisfaction des utilisateurs des supports d'information, nous avons conçu une enquête de satisfaction.

Il a fallu pour cela :

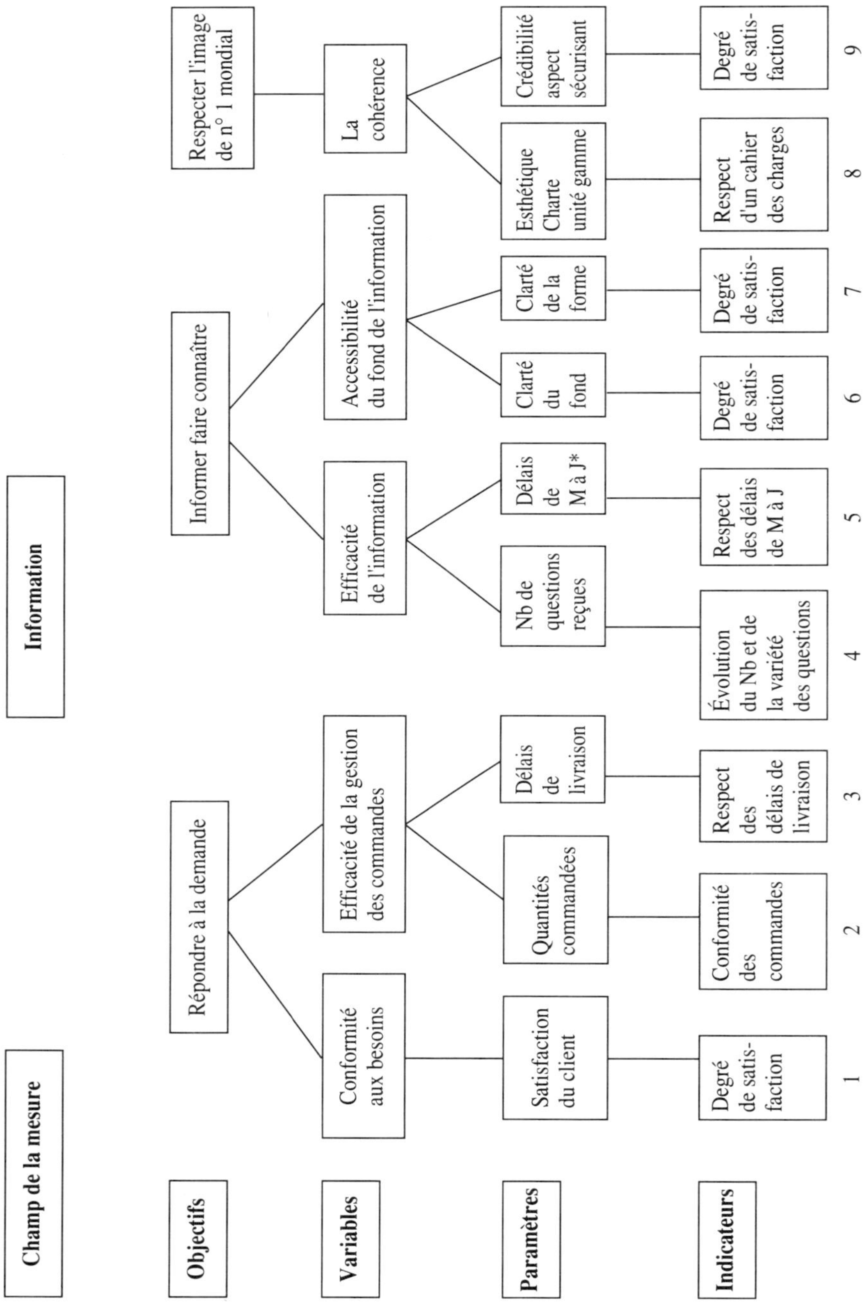

* M à J : Mise à jour

Figure 4.2 Tableau synoptique de construction des indicateurs.

– identifier la population des utilisateurs quantitativement et qualitativement,
– déterminer le nombre minimum d'enquêtes à réaliser pour obtenir des données représentatives et utilisables,
– construire les questionnaires,
– tester le système de collecte mis en place par des hypothèses de calcul.

– Identification et segmentation de la population des utilisateurs

257 distributeurs utilisent les informations diffusées par ce service à partir des supports précédemment énoncés :
– fiches techniques,
– plaquettes,
– mémentos techniques,
– communication au jour le jour,
– service télématique,
– revues périodiques (R1, R2, R3).

Pour être en mesure d'exploiter les indicateurs n° 1, 6, 7 et 9 de la figure 4.2 il faut donc connaître le degré de satisfaction des 257 distributeurs concernant les supports mis à leur disposition. Toutefois exploiter les 257 questionnaires apparaît lourd à gérer sur le plan administratif.

On sait par ailleurs que les statistiques permettent d'obtenir sur une population donnée (exemple les 257 distributeurs) des informations fiables à partir d'un échantillon représentatif.

Dans notre cas, et dans le souci d'une meilleure représentativité de cet échantillon la population mère a été segmentée en 8 catégories, déterminées selon des critères à la fois géographiques et statutaires (situation dans la hiérarchie de l'entreprise), ce qui donne la répartition en nombre suivante :

Catégories	1	31
	2	7
	3	35
	4	29
	5	7
	6	11
	7	7
	8	130
total		**257**

Par ailleurs seules les catégories de 1 à 7 utilisent tous les supports d'information à disposition (soit 8 supports). La catégorie 8 n'utilise quant à elle que 5 types de supports :
- les fiches techniques,
- les plaquettes,
- les mémentos techniques,
- la communication au jour le jour,
- la revue R2.

Cet élément est important dans la perspective de la construction des questionnaires d'enquête à gérer.

– Détermination du nombre de questionnaires à administrer

Statistiquement, il sera nécessaire d'obtenir un nombre minimum de questionnaires remplis pour chacune des 8 catégories, afin de pouvoir exploiter des données suffisamment valables.

La Norme Afnor NF X 06-022 permet de définir la taille des échantillons dits représentatifs.

Dans le cas qui nous intéresse, le nombre de questionnaires à remplir par catégorie sera le suivant :

Catégorie	**Effectif**	**Taille de l'échantillon (nombre de questionnaires)**
1	31	8
2	7	2
3	35	8
4	29	8
5	7	2
6	11	3
7	7	2
8	130	20

Au total, 53 questionnaires devraient ainsi être collectés et répartis selon la segmentation ci-dessus.

– Élaboration des questionnaires

On se souvient que les distributeurs « catégorie 8 » n'utilisent qu'une partie des supports conçus et diffusés. On concevra donc deux types de questionnaires : le premier à l'intention des catégories 1 à 7 et le deuxième pour la catégorie 8.

Le choix des questions à poser s'est avéré simple, compte tenu des éléments figurant dans le tableau de bord de la figure 4.2.

Chacune des questions posées se rapporte en fait à chaque support diffusé.

En plus les questions sont des questions fermées (réponse par oui ou par non) pour tous les questionnaires.

La figure 4.3 présente le questionnaire adressé aux catégories 1 à 7 qui permettra de collecter les données relatives à ces catégories.

Les cinq assertions qui y figurent (numérotées de 1 à 5) permettront de construire les indicateurs n° 1, 6, 7 et 9 (*cf.* figure 4.2), comme indiqué ci-dessous :

– assertion n° 1	indicateur n° 1,
– assertion n° 2	indicateur n° 6,
– assertion n° 3	indicateur n° 7,
– assertions n° 4 et 5	indicateur n° 9.

La figure 4.4 présente le questionnaire adressé à la catégorie 8.

– Hypothèses de calcul sur la mise en œuvre de la collecte et la valorisation des indicateurs

Nous avons vu qu'il nous fallait recueillir 53 réponses au total pour que les résultats soient significatifs.

Chacune des 33 personnes interrogées appartenant aux catégories 1 à 7 a la possibilité de répondre 8 fois « oui » à chacune des 5 questions posées, soit 264 réponses positives.

Chacune des 20 personnes interrogées de la catégorie 8 a la possibilité de répondre 5 fois « oui » aux questions posées, soit un total de 100 réponses positives.

Donc, 364 « oui » correspond à un degré de satisfaction de 100 %.

Imaginons maintenant que la collecte de données ait porté ses fruits et que 53 questionnaires soient remplis.

		Fiche technique	Plaquette	Mémos	Communication quotidienne	Service télématique	R1	R2	R3
1	Je suis satisfait par :	OUI	OUI	OUI	OUI	OUI	OUI	OUI	OUI
	Si vous n'avez pas mis oui pouvez-vous nous dire pourquoi ?								
2	La clarté du fond des supports d'information ci-dessus me satisfait	OUI	OUI	OUI	OUI	OUI	OUI	OUI	OUI
	Si vous n'avez pas mis oui pouvez-vous nous dire pourquoi ?								
3	La clarté de la forme des supports d'information ci-dessus me satisfait	OUI	OUI	OUI	OUI	OUI	OUI	OUI	OUI
	Si vous n'avez pas mis oui pouvez-vous nous dire pourquoi ?								
4	La crédibilité des supports d'information ci-dessus me satisfait	OUI	OUI	OUI	OUI	OUI	OUI	OUI	OUI
	Si vous n'avez pas mis oui pouvez-vous nous dire pourquoi ?								
5	L'aspect sécurisant des supports d'information ci-dessus me satisfait	OUI	OUI	OUI	OUI	OUI	OUI	OUI	OUI
	Si vous n'avez pas mis oui pouvez-vous nous dire pourquoi ?								

Figure 4.3 Matrices du questionnaire pour les catégories 1 à 7.

		Fiche technique	Plaquette	Mémos	Communication quotidienne	R2
1	Je suis satisfait par :	OUI	OUI	OUI	OUI	OUI
	Si vous n'avez pas mis oui pouvez-vous nous dire pourquoi ?					
2	La clarté du fond des supports d'information ci-dessus me satisfait	OUI	OUI	OUI	OUI	OUI
	Si vous n'avez pas mis oui pouvez-vous nous dire pourquoi ?					
3	La clarté de la forme des supports ci-dessus me satisfait	OUI	OUI	OUI	OUI	OUI
	Si vous n'avez pas mis oui pouvez-vous nous dire pourquoi ?					
4	La crédibilité des supports d'information ci-dessus me satisfait	OUI	OUI	OUI	OUI	OUI
	Si vous n'avez pas mis oui pouvez-vous nous dire pourquoi ?					
5	L'aspect sécurisant des supports d'information me satisfait	OUI	OUI	OUI	OUI	OUI
	Si vous n'avez pas mis oui pouvez-vous nous dire pourquoi ?					

Figure 4.4 Matrice du questionnaire pour la catégorie 8.

Si par hypothèse le nombre de « oui » obtenu par segment avec la question n° 1 se décompose comme suit :

8 retours catégorie 1	=	50	oui
2 retours catégorie 2	=	6	oui
8 retours catégorie 3	=	40	oui
8 retours catégorie 4	=	20	oui
2 retours catégorie 5	=	1	oui
3 retours catégorie 6	=	20	oui
2 retours catégorie 7	=	0	oui
20 retours catégorie 8	=	70	oui
Total		**207**	**oui**

A la date T 1, on peut dire que l'ensemble de la population est satisfaite à 57 % :

$$(207 / 364) = 0{,}57$$

L'indicateur n°1 présente un degré de satisfaction de 57 %.

Par le même cheminement supposons qu'à la date T 2 nous obtenions 60 % de satisfaction.

Nous pouvons visualiser sur un graphe tel que celui présenté à la figure 4.5, l'indicateur n° 1.

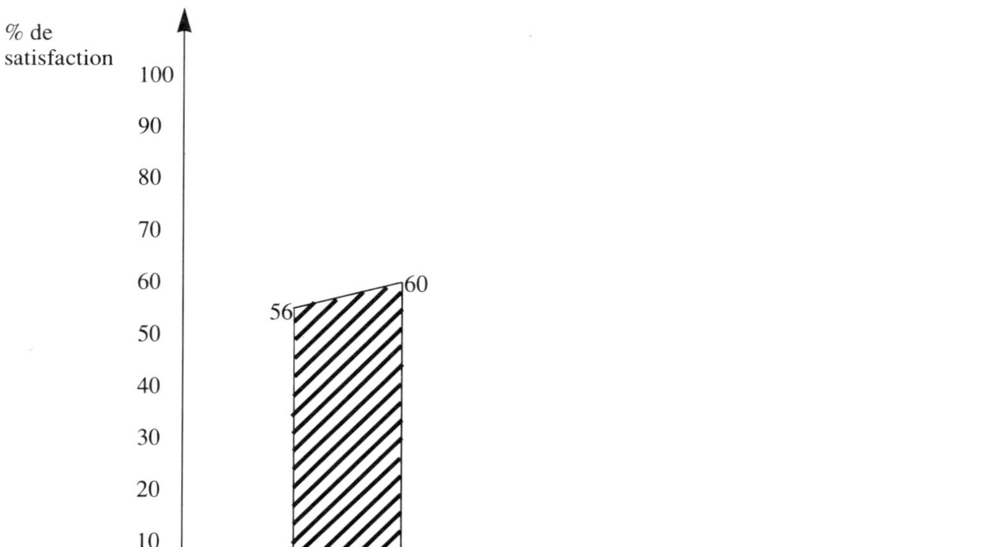

Figure 4.5 Représentation graphique des degrés de satisfaction de l'indicateur n° 1.

Les questions 2 et 3 soumises aux personnes interrogées, permettent d'évaluer les degrés de satisfaction des indicateurs 6 et 7 relatifs à la clarté du fond et de la forme.

Les résultats de la collecte donnent les informations suivantes pour la question n° 2.

Au temps :

T 1	le degré de satisfaction n° 6 =	164 oui,	soit 45 %
T 2	le degré de satisfaction n° 6 =	164 oui,	soit 45 %
T 3	le degré de satisfaction n° 6 =	164 oui,	soit 45 %
T 4	le degré de satisfaction n° 6 =	128 oui,	soit 35 %
T 5	le degré de satisfaction n° 6 =	72 oui,	soit 20 %

Pour la question n°3 :

au temps :

T '1	le degré de satisfaction n° 7 =	157 oui,	soit 43 %
T '2	le degré de satisfaction n° 7 =	164 oui,	soit 45 %
T '3	le degré de satisfaction n° 7 =	171 oui,	soit 47 %
T '4	le degré de satisfaction n° 7 =	182 oui,	soit 50 %
T '5	le degré de satisfaction n° 7 =	200 oui,	soit 55 %

En portant sur un même graphique (*cf.* figure 4.6) les indicateurs 6 et 7, on obtient la représentation de l'évolution dans le temps de la satisfaction des utilisateurs de l'information (clarté du fond et de la forme del'information diffusée).

Par ailleurs, en reliant les points médians des courbes des indicateurs n° 6 et 7 (*cf.* figure 4.6 « tendance ») on obtient la tendance de la satisfaction de ces mêmes utilisateurs quant à l'accessibilité du fond de l'information (*cf.* figure 4.2 « variables »).

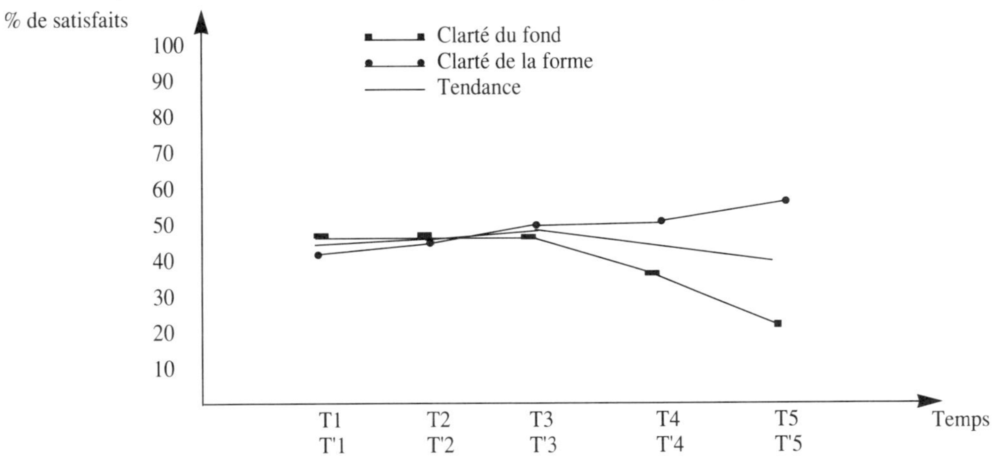

Figure 4.6 Représentation graphique des degrés de satisfaction des indicateurs 6 et 7.

L'indicateur n° 9 renseigne (*cf.* figure 4.2) sur la cohérence de l'information diffusée avec l'image de n° 1 mondial au travers de sa crédibilité et de son aspect sécurisant.

Les questions 4 et 5 cherchent à collecter les informations nécessaires au chiffrage du degré de satisfaction relatif à la cohérence.

Formulons à nouveau une hypothèse quant aux résultats de la collecte.

Supposons qu'à la question 4 portant sur la crédibilité de l'information au temps T (T 1, T 2, ...), les réponses obtenues se répartissent comme suit :

T 1	le degré de satisfaction n° 9 =	182 oui,	soit 50 %
T 2	le degré de satisfaction n° 9 =	164 oui,	soit 45 %
T 3	le degré de satisfaction n° 9 =	109 oui,	soit 30 %
T 4	le degré de satisfaction n° 9 =	109 oui,	soit 30 %
T 5	le degré de satisfaction n° 9 =	127 oui,	soit 35 %

Pour la question 5 portant sur l'aspect sécurisant de l'information au temps T, les réponses se répartissent comme suit :

T '1	le degré de satisfaction n° 9 =	175 oui,	soit 48 %
T '2	le degré de satisfaction n° 9 =	175 oui,	soit 48 %
T '3	le degré de satisfaction n° 9 =	182 oui,	soit 50 %
T '4	le degré de satisfaction n° 9 =	200 oui,	soit 55 %
T '5	le degré de satisfaction n° 9 =	200 oui,	soit 55 %

On visualise sur le graphe de la figure 4.7 l'évolution du degré de satisfaction des utilisateurs quant à la crédibilité et à l'aspect sécurisant de l'information. Puis on relie entre eux les points médians à ces deux courbes pour obtenir une représentation de l'indicateur n° 9 (degré de satisfaction concernant la cohérence de l'information avec l'image de n° 1 mondial).

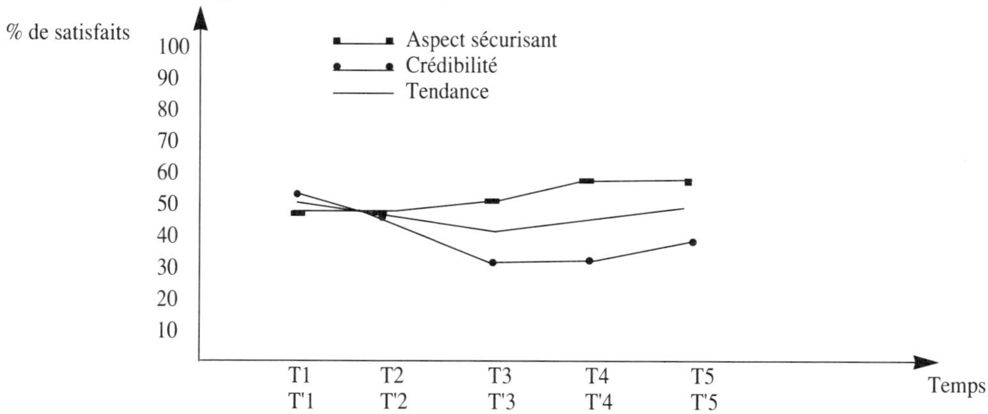

Figure 4.7 Indicateur de satisfaction n° 9 et tendance.

4.3.2 Les indicateurs de performances n° 2, 3, 4 et 5 (*cf.* figure 4.2)

Chaque indicateur fait ici l'objet d'une collecte de données spécifiques.

– Indicateur n° 2 : conformité des commandes

Cet indicateur sera collecté et exploité pour chaque support d'information diffusé. Rappelons qu'il permet de vérifier si l'on répond à la demande en terme purement quantitatif : est-on en mesure de livrer les quantités de documents qui sont commandées par les distributeurs ?

Pour tenir cet indicateur il est nécessaire de mettre en place un système de collecte de données relatives aux quantités de documents disponibles en tenant compte mensuellement :
– du stock initial de documents,
– de la consommation effectuée.

Cette gestion des stocks se fera sur la base de tableaux de relevés mensuels pour chaque support qui se présenteront comme indiqué sur la figure 4.8.

Mois de					
Stock initial	Commande n° 1		Commande n	Quantités commandées	Stock en fin de période
	Nombre		Nombre		% cumulé

Figure 4.8 Tableau de relevé mensuel indicateur n° 2.

Le stock initial sera la quantité disponible au premier du mois considéré. Les commandes n° 1 à n sont des relevés des quantités commandées dont le total mensuel figurera sous la rubrique « quantités commandées ».

Le stock fin de période exprimera en pourcentage du stock de départ (au premier de chaque année) la consommation cumulée de documents.

Imaginons maintenant les relevés de commandes de plaquettes des mois de janvier, février et mars 92, sachant qu'au premier janvier on dispose de 10 000 plaquettes (*cf.* figure 4.9).

Mois de janvier					
Stock initial	C1	C2	C3	Quantités commandées	Stock en fin de période
10 000	500	700	200	1 400	14%

Mois de février					
Stock initial	C1	C2	C3	Quantités commandées	Stock en fin de période
8 600	80	20	X	100	15%

Mois de mars					
Stock initial	C1	C2	C3	Quantités commandées	Stock en fin de période
8 500	700	100	900	2 600	41%

Figure 4.9 Relevés des commandes plaquettes.

A partir de ces données, visualisons sur un graphe notre indicateur. Il s'agit en fait de mettre en évidence, en fonction des consommations effectuées, les périodes prévisibles de rupture de stock afin de déclencher un réapprovisionnement en documents. Il faut également tenir compte d'un délai de réimpression de 2 mois.

Sur ce graphe apparaissent :

1) La courbe cumulée des consommations de documents (prévisionnel de consommation).

2) La tendance sur 12 mois.

3) Le seuil de consommation qui correspond à une rupture de stock (épuisement du stock de départ qui est de 10 000).

La figure 4.10 représente ces informations en tenant compte des hypothèses de calcul formulées précédemment (*cf.* figure 4.9).

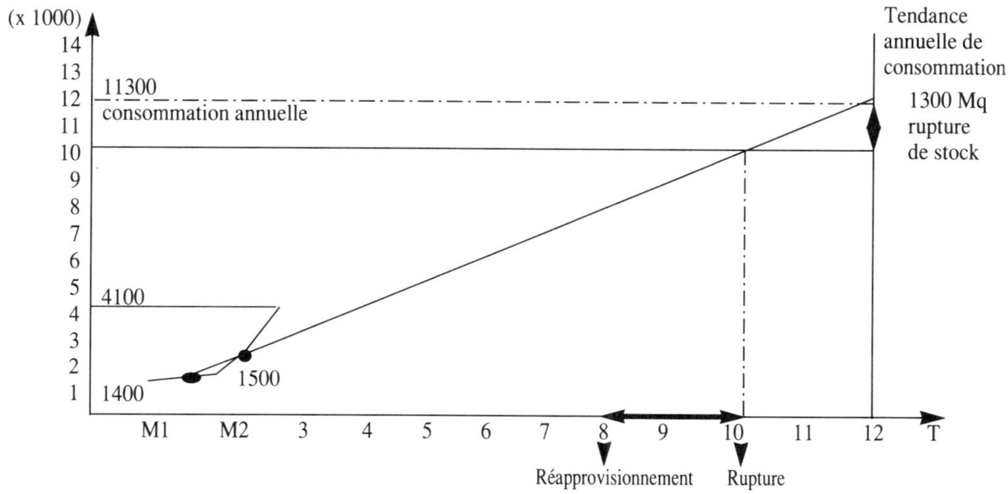

Figure 4.10 Représentation graphique de l'indicateur n° 2.

Le stock de départ a été constitué en prévision d'une consommation annuelle de 10 000 plaquettes. Or la tendance annuelle de consommation obtenue à partir des résultats de janvier, février et mars fait apparaître une consommation plus importante que prévue. En extrapolant, et en supposant que la tendance des trois premiers mois se confirme, on se trouvera en rupture de stock au mois 11. C'est en fait 11 300 plaquettes qui devraient être commandées pour couvrir les besoins annuels. Et c'est donc au début du mois 9 (rupture - 2 mois) qu'une demande de réapprovisionnement devrait être lancée si l'on ne veut pas tomber en rupture de stock.

Une mise à jour mensuelle de l'indicateur entraînera le réajustement des tendances et permettra de prévoir la rupture éventuelle, donc le réapprovisionnement afin que le service puisse répondre en permanence et en quantité suffisante à la demande de documents.

– Indicateur n° 3 : respect des délais de livraison

Pour chaque demande de document reçue, il s'agit d'évaluer le respect des délais de livraison prévus.

Il suffit d'obtenir des données pour chaque commande :
– la date prévue,
– la date réelle et l'écart éventuel.

Le tableau 4.11 regroupe ces éléments.

Tableau 4.11 Tableau de traitement de la commande.

N° de commande	Date de livraison prévue	Date de l'envoi	Écart

Tableau 4.12 Relevé des dates de livraison.

N° de commande	Date de livraison prévue	Date de l'envoi	Écart
n° 1	08 octobre	10 octobre	+2 j
n° 2	20 octobre	20 octobre	0
n° 3	28 octobre	27 octobre	- 1j
n° 4	29 octobre	27 octobre	- 2j

Imaginons que quatre dossiers de commandes aient donné les résultats figurant sur le tableau 4.12.

Ces résultats peuvent être représentés comme indiqué par la figure 4.13. La courbe de la tendance indique que l'on livre dans les délais, voire un peu plus tôt que prévu.

L'efficacité de la gestion des commandes reçues semble donc satisfaisante.

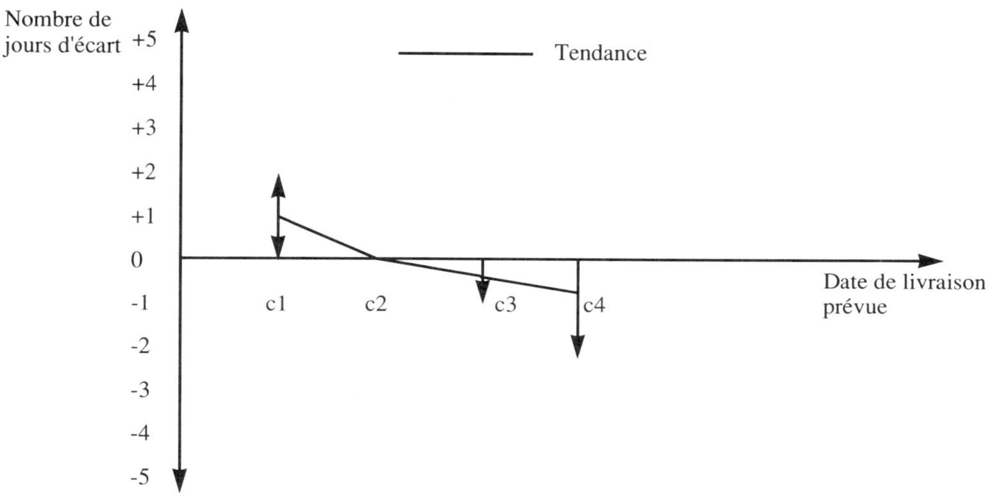

Figure 4.13 Évolution du respect des délais de livraison.

– Indicateur n° 4 : évolution du nombre et de la variété des sollicitations

Informer, faire connaître, tels sont les deux objectifs majeurs du service de communication interne pour son activité d'information. On sait d'après les éléments donnés au paragraphe 4.2, que plus l'information diffusée sera efficace, moins les distributeurs « solliciteront » le service pour des informations complémentaires.

L'indicateur n° 4 permettra de faire le point en la matière en comptabilisant le nombre et la diversité des questions reçues.

De fait, il existe trois principaux types de questions :

1) D'une part, les distributeurs recherchent des informations complémentaires quant aux recommandations possibles. « Quels produits de la gamme faut-il conseiller dans telle ou telle situation ? » Il s'agit là d'une question fréquente.

2) D'autre part, cette recherche d'informations complémentaires va porter sur les équivalences possibles, soit entre deux produits de la gamme proposée par cette entreprise, soit entre un produit concurrent et un produit « maison ».

3) Enfin, les compléments d'informations portent sur des sujets plus généraux (tarifs, informations générales société, délais d'approvisionnement, etc.).

Le nombre de questions reçues mensuellement sera donc ventilé en trois catégories :
– recommandations (ou Recom),
– équivalence (ou Équival),
– autres.

La matrice de relevé des informations est donc assez simple à concevoir (*cf.* figure 4.14).

	Mois de			
Date	Nombre de questions		Variétés	
		Recom	Équival	Autres
Total				

Figure 4.14 Matrice de relevé des questions.

Suivons pour l'exemple et par hypothèse les données relatives au mois de janvier (*cf.* figure 4.15).

	Mois de janvier			
Date	Nombre de questions	Variétés		
		Recom	Equival	Autres
2 / 01	5	4	1	/
5 / 01	1	/	/	1
10 / 01	3	2	1	/
17 / 01	6	4	2	/
26 / 01	2	1	1	/
Total	17	11	5	1

Figure 4.15 Matrice de relevé des questions pour le mois de janvier.

Un diagramme comme celui de la figure 4.16 fait rapidement apparaître à la fois l'évolution du nombre et de la variété des questions posées pour un mois déterminé.

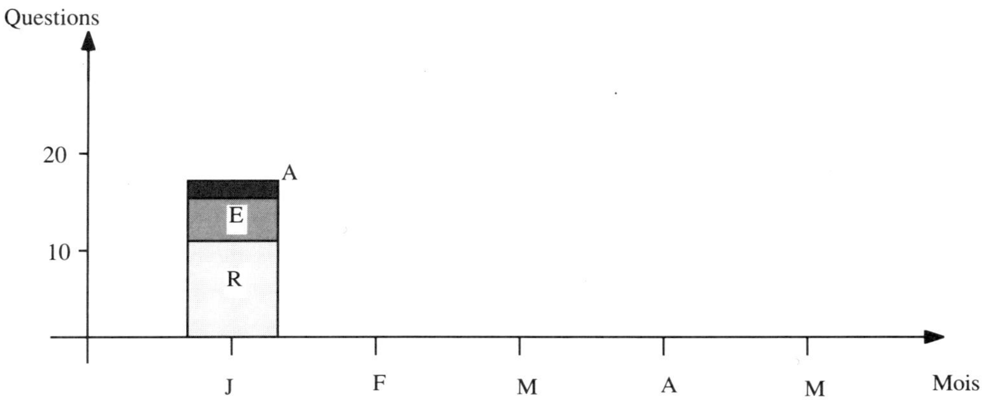

Figure 4.16 Représentation graphique des questions posées en janvier.

Dans l'exemple tel que nous l'avons bâti il semble qu'un effort d'information devra être fait concernant les recommandations afin de mieux faire connaître les produits et leurs propriétés aux distributeurs.

– Indicateur n° 5 : respect des délais de mise à jour (cf. figure 4.2)

La pertinence et l'actualité de l'information gérée et diffusée sont les deux conditions de son efficacité (*cf.* § 4.2).

En conséquence dès que le service reçoit une information en provenance des services de recherche et développement sur des nouveautés techniques, il doit pouvoir mettre à jour dans un délai donné les documents s'y référant.

Par informations reçues, il s'agit donc de fixer un délai pour la mise à disposition de documents et de pouvoir évaluer les éventuels écarts.

Un tableau de collecte comme celui présenté figure 4.17 permettra de recueillir les informations nécessaires à la lecture et à l'exploitation de l'indicateur n° 5.

	Date de réception de l'information	Date de mise à disposition du document	Délai de mise à jour	Écart
Prévision				
Réalité				

Figure 4.17 Tableau de collecte des informations de l'indicateur n° 5.

Imaginons que les mises à jour soient programmées en janvier. Le tableau 4.18 présente la performance du service quant au respect des délais de mise à jour.

	Date de réception de l'information	Date de mise à disposition du document	Délai de mise à jour	Écart
Prévision	1/01	15/01	15j	
Réalité	1/01	17/01	17j	+ 2j
Prévision	3/01	10/01	7j	
Réalité	3/01	10/01	7j	0
Prévision	9/01	18/01	9j	
Réalité	9/01	17/01	8j	- 1j
Prévision	15/01	25/01	10j	
Réalité	15/01	20/01	5j	-5j

Figure 4.18 Relevé des délais de mise à jour.

Portons nos résultats sur un graphe (*cf.* figure 4.19).

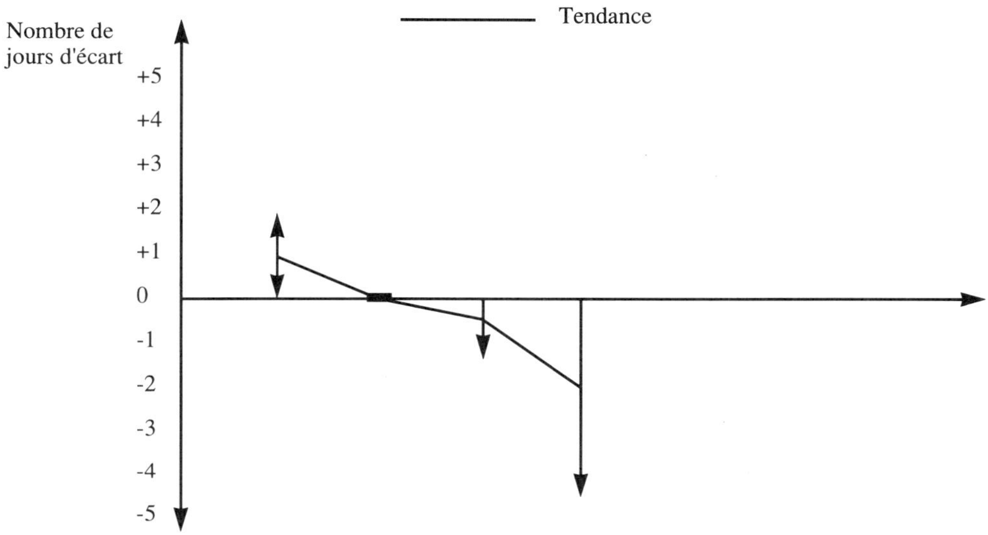

Figure 4.19 Respect du délai de mise à jour, évaluation et tendance.

La tendance tracée par les points médians montre l'évolution du service en matière de mise à jour des documents.

4.4 Conclusion

Au cours de cette étude approfondie d'un cas réel, seules les données diffusées relevaient de l'hypothèse et n'avaient qu'une valeur illustrative. Il apparaît que la visualisation d'un indicateur sera d'autant plus claire que la collecte des données nécessaire aura été bien réalisée.

Cette étape de la collecte des données est fondamentale.

Dans le système de mesure que nous étudions ici, elle n'a sa place que dans la mesure où la construction des indicateurs a été bien conduite, ce qui fut le cas de l'exemple approfondi au chapitre 4.3. D'un autre côté, n'oublions pas qu'un indicateur, aussi bien construit soit-il, doit être ensuite visualisé sur un tableau de bord pour être exploité et prendre ainsi tout son sens.

Une bonne collecte de données sera alors une étape incontournable si l'on ne veut pas rendre vains les efforts entrepris pour construire des indicateurs pertinents.

5
Exploitation des résultats

5.1 Identification des écarts

Après avoir effectué la collecte de données, on est en mesure de renseigner les indicateurs et de procéder ainsi à leur lecture, en vue d'exploiter les résultats obtenus.

Il est clair que ce qui apparaît à la lecture du tableau de bord c'est l'écart entre les résultats souhaités et les résultats effectivement constatés (*cf.* figure 5.1).

Cette formulation en terme d'écart permet en fait de bien cerner le problème qu'il va falloir résoudre. Exploiter un tableau de bord consiste donc en une démarche de résolution de problème.

Considérer que le terme « problème » se rapporte au constat d'un écart permet d'engager l'action sur des bases claires et de formuler ce même « problème » avec clarté et précision.

– Comment passer de ... à ... ?
– Comment réduire le taux de rebut à 2 % ?
– Comment obtenir 80 % d'intention de réachat ?
– Comment réduire les charges directes à 5 % de notre chiffre d'affaires ?
– etc.

Construire un indicateur et l'exploiter ensuite revient donc à quantifier un écart après une analyse fine de la situation.

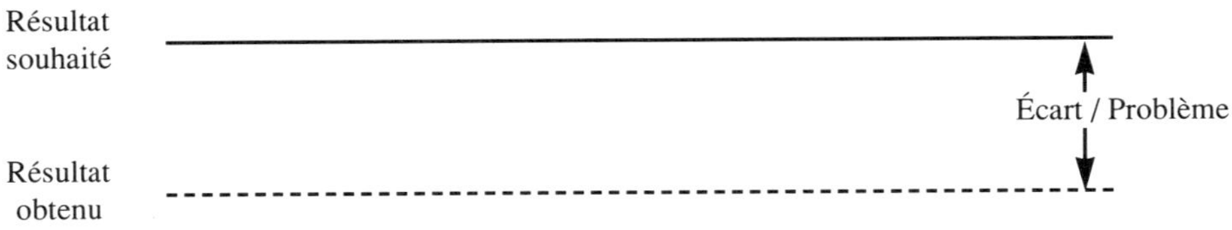

Figure 5.1 Tout écart constaté relève d'une démarche de résolution de problème.

5.2 Traitement du problème

Une fois que l'on a défini le problème que fait apparaître l'indicateur, son traitement commence par la recherche des éléments qui ont pu générer cette situation.

– *Recherche des causes*

Cette recherche des causes potentielles tire son efficacité de la créativité et de la lucidité du groupe de travail.

– *Choix de la cause principale*

A partir de l'estimation de l'importance relative des causes potentielles, le groupe déterminera la cause apparemment la plus importante. Ce choix sera impérativement validé par une série de mesures faites sur le terrain pour quantifier l'importance réelle des causes observées. Cette phase permet de reformuler de manière plus précise le problème. A supposer qu'une panne machine soit due à une rupture de flexible d'alimentation, le problème initial (comment faire baisser le taux de panne de la machine ?) deviendrait : « Comment éliminer les ruptures du flexible d'alimentation ? ».

– *Recherche des solutions*

Une fois la cause principale identifiée le groupe recherchera les solutions à mettre en œuvre.

– *Choix de la solution*

En s'appuyant sur des critères préalablement définis, et en privilégiant notamment l'aspect économique, le groupe choisira la solution à mettre en œuvre pour réduire l'écart initial.

– *Mise en œuvre de la solution*

La mise en œuvre devra faire l'objet d'un partage rigoureux des tâches et d'un échéancier précis.

– *Mesure de l'effet des actions entreprises*

La lecture des indicateurs et du tableau de bord qui suivra permettra de mettre en évidence l'impact des actions engagées sur la réduction de l'écart. Dans l'hypothèse favorable, le groupe conclura au maintien des dispositions prises. Dans le cas d'une stagnation voire d'une aggravation de l'écart, le groupe engagera une nouvelle étude des causes.

5.3 Les clés de l'exploitation des résultats (*cf.* figure 5.2)

A l'heure où l'on commence à vouloir implanter les « 7 nouveaux outils de la qualité », il semblerait que la méthodologie de résolution de problème présentée apparaisse comme désuète. Pourtant cette méthode, de prime abord assez simple, révèle lors de sa mise en œuvre une succession d'embûches.

En effet, bien peu de praticiens l'utilisent aujourd'hui à son optimum, et pour cause. On vit en effet le paradoxe des méthodes simples, faisant largement appel au bon sens, à la créativité et à la rigueur mais dont l'utilisation est délicate et les méthodes complexes, souvent fondées sur des modèles mathématiques élaborés, mais dont la mise en œuvre est en revanche quasi automatique.

Les pièges des méthodes simples résident justement dans ce qui les caractérise. Parce qu'elles sont simples et font appel au bon sens, on a tendance à brûler les étapes et à vouloir dévier systématiquement. Ce phénomène est d'ailleurs largement amplifié par l'effort de créativité qui est demandé lors de l'utilisation de la méthode.

La mise en œuvre de la résolution de problème n'échappera pas à cette règle. Les zones à risque se situent au niveau de la formulation du problème, de l'étude des causes et du choix des solutions.

Les indicateurs font donc apparaître des écarts, qui par définition sont des problèmes à résoudre. Des analyses de la situation actuelle et de la situation souhaitée découle précisément la formulation du problème qui peut toujours se libeller comme suit : « Comment + Verbe + Complément ? ». La difficulté réside ici dans l'analyse objective et fine de l'existant. Il est bon à cette étape de s'en tenir strictement à la lecture des indicateurs.

1. Formulation précise de l'écart
2. Pas de « délire créatif » sur la recherche des causes
3. Validation par mesure sur le terrain de l'importance réelle de la cause choisie
4. Reformulation exacte du problème d'après la validation de la cause
5. Étude de la rentabilité des solutions à mettre en œuvre

Figure 5.2 Les clés de l'exploitation des résultats.

De la formulation du problème, découle ensuite la recherche des causes. La méthode devrait en toute logique aider le groupe à recenser toutes les causes possibles. Or, à cette étape, il faut plus que jamais éviter les débordements ou la créativité intempestive qui amènerait le groupe à tourner en rond sans jamais pouvoir s'en sortir.

Exemple : comment réduire l'attente des clients au téléphone ?

A l'origine du problème peut fort bien se trouver un manque de formation de la standardiste. Par voie de conséquence, il y a des pertes de temps et donc une attente des clients au téléphone. Si, à ce stade, le groupe continue à analyser les causes en se demandant pourquoi la standardiste n'est pas suffisamment formée, il peut fort bien supposer que la Direction a refusé de financer la formation nécessaire parce qu'elle ne se sent pas suffisamment concernée par le standard. Le problème qui apparaît maintenant est beaucoup plus vaste que la question initialement traitée, et qui plus est, sort du champ de compétences du groupe.

Une recherche trop poussée des causes risque donc de mener à une impasse. Une vision plus simple qui conduirait à reformuler le problème sur la base du manque de formation identifié facilite le travail et permet très vite d'appréhender la solution adéquate : « Comment former la standardiste à l'utilisation de son matériel ? ».

Rester proche du terrain et rationnel dans ses analyses est un bon moyen de recentrer son travail et donc de « verrouiller » l'utilisation de la méthode. C'est dans cette logique que s'inscrit la validation de la cause retenue pour chaque mesure sur le terrain. Le temps passé à cette validation n'est rien en contrepartie du temps que l'on risque de perdre en s'engageant sur une fausse piste.

Pour le choix de la solution, l'élément fondamental est un chiffrage, une étude de la rentabilité de la solution à mettre en œuvre. Cette remarque semble aller de soi, mais on constate aujourd'hui que trop d'actions d'améliorations sont engagées alors que leur coût est plus élevé que celui que supportait l'entreprise avec le dysfonctionnement observé.

5.4 Mise en pratique

L'exploitation collective des résultats de la mesure renforce l'aspect fédérateur et motivant de la mise en place des indicateurs.

L'apport essentiel d'une construction d'indicateurs, du tableau de bord correspondant et de leur mise en œuvre réside dans cette phase d'exploitation. La lecture du tableau de bord permet en effet de mesurer les écarts entre la valeur réelle de l'indicateur et la valeur de référence indiquée par les points de repère. Ce faisant, le groupe est en mesure de poser clairement le problème à résoudre. Afin d'en valider la cause essentielle le responsable conduira sur le terrain une validation chiffrée de la sélection des causes effectuée par le groupe (*cf.* figure 5.2).

Convocation Expédiée le :	Date de la réunion : Organisateur : « M. Mesure »	
Type de réunion : échange et décision Sujet : exploitation des résultats Objectif : identifier les causes des résultats obtenus		
Lieu :	Durée 1 h 30 Début : Fin :	
Participants :	Travail préalable :	
Ordre du jour	**Qui**	**Quand**
1. Présentation des résultats et mise en évidence des écarts	groupe	1/4
2. Formulation du problème outils : tour de table brainstorming	groupe	1/4
3. Recherche des causes essentielles outils : brainstorming matrice de comparaison diagramme causes-effet	groupe	1/2

Figure 5.3 Exploitation des résultats : identification des causes.

A ce stade de la mise en pratique de la méthode, le responsable du groupe aura pour tâche essentielle de maintenir « la pression » afin d'assurer la pérennité du travail fourni et de garantir sur le long terme l'efficacité des indicateurs et du tableau de bord construits. Les participants ne doivent jamais perdre de vue le fait que mesurer est une opération qui nécessairement ne peut prendre fin.

<table>
<tr><td>Convocation
Expédiée le :</td><td colspan="3">Date de la réunion :
Organisateur : « M. Mesure »</td></tr>
<tr><td colspan="4">Type de réunion : échange et décision
Sujet : exploitation des résultats
Objectif : choisir la solution à mettre en œuvre</td></tr>
<tr><td>Lieu :</td><td colspan="3">Durée 1 h 30 Début : Fin :</td></tr>
<tr><td>Participants :</td><td colspan="3">Travail préalable : avoir assimilé la formation à la méthode.</td></tr>
<tr><td colspan="2">Ordre du jour</td><td>Qui</td><td>Quand</td></tr>
<tr><td colspan="2">1. Mise en évidence de la cause la plus importante
outils : diagramme de Pareto</td><td>anim.</td><td>1/4</td></tr>
<tr><td colspan="2">2. Choix de la solution
outils : brainstorming
matrice de comptabilité
matrice de comparaison</td><td>groupe</td><td>1/2</td></tr>
<tr><td colspan="2">3. Préparation de la mise en œuvre
outils : QQOQCP
feuille de données</td><td>groupe</td><td>1/4</td></tr>
</table>

Figure 5.4 Exploitation des résultats : choix de la solution.

5.5 Périodicité de la lecture du tableau de bord

Il n'y a pas de périodicité idéale. Toutefois, l'expérience a montré que la plupart des tableaux de bord, conçus dans l'esprit et le cadre de cette méthode, sont exploités mensuellement ou bimestriellement pour certains.

En fait la périodicité est fixée de manière *ad hoc* et dépend essentiellement de deux éléments.

En tout premier lieu, c'est l'exploitation des résultats qui va la conditionner. En effet, la mise en évidence des écarts entraîne la mise en œuvre d'actions correctives pour les réduire. C'est au groupe de décider à partir de quand ces actions sont susceptibles de donner des premiers résultats.

On choisira également la périodicité en fonction du temps qu'il faut pour que la collecte des données soit significative. On cherchera alors à éviter que les résultats obtenus soient faussés par des accidents conjoncturels, l'interprétation et l'analyse qui en découlent risquant alors de manquer de réalisme.

5.6 La communication des résultats

Le tableau de bord révèle donc des informations dans le but d'engager un processus d'amélioration générale et permanente. Doit-on dans ce cas et pour favoriser l'implication du plus grand nombre communiquer ces résultats au-delà du groupe concerné ?

Il existe un cas de figure où la réponse est franchement positive. Lorsque le groupe est représentatif d'une entité bien plus vaste, voire de l'ensemble de l'entreprise (construction d'un tableau de bord de suivi d'une démarche qualité ou d'un tableau de bord de production), alors l'information doit être diffusée au plus grand nombre.

Le cas d'un tableau de bord de direction générale est particulier. Le principal utilisateur en sera le Directeur général lui-même et les membres de l'éventuel comité de direction. Libres à eux de décider de faire circuler l'information, mais *a priori* ils sont les seuls concernés.

Reste maintenant le cas le plus courant. Un service ou un secteur restreint de l'entreprise élabore son tableau de bord. L'information est communicable, mais ne concerne pas franchement tout le monde, même si en soi elle est intéressante. Il faudra alors mesurer le risque de voir naître un sentiment de relative frustration. En effet, exploiter la mesure comme on le conçoit ici, enrichit le travail de tous les jours et valorise les individus concernés. La réaction, à envisager selon le climat général qui règne dans l'entreprise, peut être positive, neutre ou négative. Dans ce dernier cas, c'est souvent le « pourquoi eux et pas nous ? » qui dominera. C'est donc au responsable du groupe, en accord avec la hiérarchie, de bien mesurer l'impact d'une information élargie.

5.7 Synthèse

Un tableau de bord s'exploite pour une durée déterminée. Ainsi qu'on l'a vu au chapitre 2 (§ 2.2.7), il peut être nécessaire de construire des indicateurs plus généraux, plus synthétiques destinés à exercer une « surveillance » plus qu'une évaluation directement opérationnelle.

Que l'on souhaite soustraire au tableau de bord un indicateur dont « l'actualité » n'apparaît plus suffisamment « brûlante » ou simplement avoir une vision synthétique sur un ou plusieurs champs de mesure , nous avons voulu avec le chapitre 6 vous fournir une méthode complexe en apparence mais aisée dans son utilisation pour élaborer des indicateurs synthétiques et optimiser ainsi l'exploitation de vos tableaux de bord opérationnels.

6
Optimisation du tableau de bord

6.1 Positionnement

Dès l'instant où le système de mesure est mis en place, il va à la fois subir des modifications mais surtout s'étoffer. Or, prendre connaissance des résultats d'un tableau de bord, tel que ceux présentés en exemple, revient à lire entre 5 et 10 indicateurs. Cela reste une chose aisée et rapide à faire. En revanche, le problème se pose dès l'instant où un responsable doit prendre connaissance des résultats de plusieurs tableaux de bord, soit d'une trentaine d'indicateurs.

L'idée qui est développée ici serait d'établir un indice global par tableau de bord. Ainsi, le responsable serait amené à prendre connaissance en premier lieu de cet indicateur global qui donnerait la tendance générale pour les indicateurs qui le composent.

Ce « pilotage à distance » lui permettrait de sélectionner rapidement le tableau de bord qui nécessite une attention particulière. Cette approche pourrait également être utile lorsque plusieurs indicateurs révèlent sur le moyen terme une stabilité des informations fournies. Dans ce cas, il n'est plus nécessaire d'exercer un suivi rigoureux et fréquent du tableau de bord. Une donnée synthétique sur l'ensemble des indicateurs concernés suffit à une surveillance et permet de tirer une éventuelle sonnette d'alarme en cas de dégradation des résultats.

Dans le cas d'une surveillance de tableau de bord, les grandeurs constitutives prises dans leur ensemble ne sont pas quantifiables ce qui implique que globalement les résultats d'une surveillance de tableau de bord ne s'apprécient qu'en terme de : très bon, bon, moyen, médiocre...

De plus les données sous surveillance risquent fort d'être hétérogènes. Le modèle mathématique sur lequel s'appuie la méthode proposée ci-après (*cf.* § 6.2) permet de trouver une unité d'évaluation commune pour rendre ces mêmes données non seulement comparables, mais surtout synthétisables.

6.2 La méthode

Allons plus avant dans le descriptif de cette méthode dites des « indices Vigier ». Ainsi quelle que soit l'utilisation d'un indicateur synthétique à des fins d'optimisation, de pilotage de plusieurs tableaux de bord ou de surveillance d'indicateurs stables, il faut avant tout arriver à déterminer un modèle qui permette la fusion des différents indicateurs en un seul qui soit suffisamment significatif.

Si les indicateurs sont de même nature, la difficulté est moindre. Tout au plus, doit on s'attacher à effectuer une moyenne pondérée qui tienne compte de l'importance relative de chacun des indicateurs concernés. Mais c'est rarement le cas, d'autant que la principale qualité de la méthode proposée est de permettre d'aboutir à des indicateurs très divers et variés, parce qu'extrêmement ciblés.

Parmi les indicateurs que l'on souhaite synthétiser, on en distingue dans un premier temps deux types :

1) ceux qui comportent une frontière au-delà ou en deçà de laquelle il ne faut pas aller. Ce sont les indicateurs à limite unilatérale. Exemple : le taux de rebuts ne doit pas dépasser 3 % de la production totale/mois.

2) ceux qui sont délimités par une zone à l'intérieur de laquelle il faut trouver les valeurs pour être « bon ». Ce sont les indicateurs à limite bilatérale. Exemple : un délai de livraison qui ne doit pas être inférieur à 3 jours car cela gênerait le stockage chez le client et supérieur à 6 jours car il serait alors hors délai.

Pour ce faire, on délimite de la manière la plus objective possible les zones à l'intérieur desquelles les résultats enregistrés sur le terrain sont bons et celles où ils sont mauvais.

Exemple : mon taux de satisfaction client doit être de 80 %, en deçà de cette limite je suis mauvais et au-delà je suis bon.

On affine ensuite au sein de chaque zone, la notion de bon et mauvais par très bon ou très mauvais.

Exemple : en deçà de 50 % de client satisfait je suis très mauvais et au-delà de 95 % je suis très bon.

Cette typologie des indicateurs, à limite « bi » ou unilatérale, sert de base pour le choix du modèle mathématique utilisable.

Toutefois, quel que soit le modèle, son utilisation permet de ramener l'expression de chaque indicateur à un nombre « sans dimension », compris entre 0 et 1.

6.2.1 Éléments pour le calcul de l'indice Vigier à partir de l'indicateur à limite unilatérale (noté X)

La relation entre l'élément X mesuré sur le terrain et son indice Sx (compris entre 0 et 1) nous est donnée par la formule suivante que nous vous demandons d'admettre :

$$Sx = \exp(-\exp(-V))$$

où :

$$V = -\mathrm{Ln}(-\mathrm{Ln}(Sx))$$

ou encore :

$$V = aX + b$$

– X = valeur réelle de l'indicateur opérationnel (ex: taux de satisfaction X = 80 %),
– Sx : indice « sans dimension »,
– a et b : 2 paramètres, calculés à partir de X et V, permettant de choisir la sévérité (ou pente) de la courbe de l'indice Sx.

Par convention, la valeur limite donnée à l'indicateur opérationnel correspond toujours à un indice

$$Sx = 0{,}37$$

6.2.2 Éléments pour le calcul de l'indice Vigier à partir de l'indicateur à limite bilatérale

La relation entre l'élément Y mesuré sur le terrain et son indice Sy est donnée par la formule suivante :

$$Sy = \exp(-|U|^n)$$

où

$$U = \frac{2 \times Y - (Ymax + Ymin)}{(Ymax - Ymin)}$$

où :

– Y = valeur réelle de l'indicateur opérationnel (ex. : délai de livraison Y = 4 jours),
– Sy : indice « sans dimension »,
– Ymax : limite supérieure de Y,
– Ymin : limite inférieure de Y.

La valeur n obtenue par le calcul nous indique le coefficient de sévérité avec lequel nous voulons juger l'élément mesuré.

On calcule n au moyen de la formule :

$$=> n = \text{Log}\ (\text{Log}\ (1/Sy))\ /\ \text{Log}\ |U|$$

Dès lors que l'on connaît n et U, on peut déterminer Sy.

Par convention, là encore, les valeurs limites données à l'indicateur opérationnel (Ymax et Ymin) correspondront à un indice Sy = 0,37.

A partir de là, les éléments que nous aurons mesuré sur le terrain vont être en fonction de leurs caractéristiques (limite unilatérale ou bilatérale), associés au modèle correspondant pour être ramenés à des nombres sans dimension : Sx et Sy.

$$s = \exp^{(-\,(\exp\,(-V)))}$$

où

$$V = a + bY$$

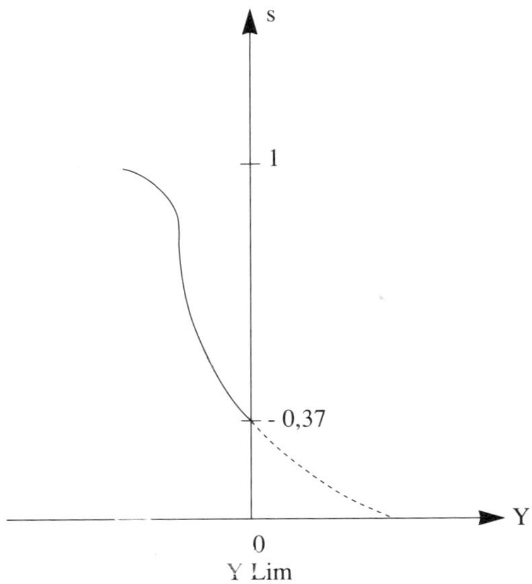

Par principe : lorsque

$$V = 0$$
$$Y = YLim$$

donc

$$s = 0{,}37 = \frac{1}{e}$$

Figure 6.1 Représentation graphique de l'indice Vigier à limite unilatérale.

Ces nombres sans dimension peuvent être visualisés sur la courbe correspondant à la limite unilatérale ou bilatérale de l'indicateur de départ (*cf.* figures 6.1 et 6.2).

Lorsque tous les indicateurs que vous souhaitez mettre sous surveillance sont ainsi ramenés à des nombres sans dimension, un dernier calcul en donnera une synthèse chiffrée qui sera notre indicateur synthétique.

Nous vous avons présenté les principaux éléments de la méthode. Maintenant conformément à notre habitude la méthode va être développée au sein d'une étude de cas.

$$s = \exp(-|U|^n)$$

$$u = (2 \times Y - (Ymax + Ymin)) / (Ymax - Ymin)$$

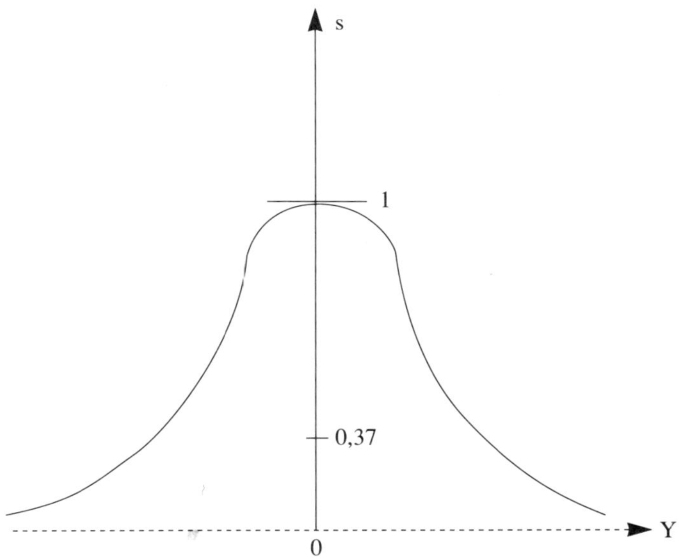

Par principe : lorsque

$$Y = Ymax \quad u = +1$$

et

$$Y = Ymin \quad u = -1$$

On a

$$s = e^{-1} \Rightarrow s = \frac{1}{e} = 0{,}37$$

Figure 6.2 Représentation graphique de l'indice Vigier à limite bilatérale.

6.3 Étude de cas

Nous allons partir de l'hypothèse suivante : le Directeur technique du groupe Leadership est responsable de trois unités de fabrication. Dans chaque unité il y a un tableau de bord dont :
– le champ de la mesure est l'activité fabrication,
– les objectifs sont :
1) Répondre à la demande client.
2) Impliquer le personnel.
– Les indicateurs sont :
1) Taux de satisfaction client.
2) Respect des délais.
3) Absentéisme.

Le Directeur veut pouvoir effectuer une surveillance de l'activité de la fabrication par unité et au niveau du groupe, le tout par rapport aux objectifs définis ci-dessus, car il ne peut pas suivre chaque tableau de bord soit 9 indicateurs. Sachant que pour effectuer cette surveillance il faut mixer des taux de satisfaction, des délais et des taux de présence, soit effectuer une surveillance sur une population d'indicateurs hétérogènes.

Il choisit de mettre en œuvre la méthode des indices Vigier.

6.3.1 Les indicateurs opérationnels de départ

– Le taux de satisfaction client

Le choix des limites donne le résultat suivant :
– 50 % de clients satisfaits est un taux médiocre.
– 80 % de clients satisfaits est un taux satisfaisant.
– 95 % de clients satisfaits est un bon taux de satisfaction.

La frontière en dessous de laquelle il ne faut pas tomber est de 80 % de taux de satisfaction clients concernant la conformité entre la demande et le produit fabriqué. On se trouve donc dans le cas d'une limite unilatérale.

En février le taux de satisfaction de chaque unité de fabrication (U1, U2, U3) a été le suivant :
– U 1 = 40 %,
– U 2 = 86 %,
– U 3 = 90 %.

– Le respect des délais

A la demande des clients les délais de livraison ne doivent pas être :
– inférieurs à : 5 jours,
– supérieurs à : 8 jours,
– avec un optimum à 7 jours.

Pour le mois de février les délais de livraison moyens par unité sont :
– U 1 4 jours,
– U 2 7 jours,
– U 3 9 jours.

Nous sommes ici devant le cas de figure où il existe une limite en dessous de laquelle il ne faut pas descendre de même qu'il y a une limite au-delà de laquelle on ne doit pas aller. On se trouve donc avec une limite bilatérale.

– Le taux de présence

les limites fixées pour cet indicateur sont :
– 70 % de présents est un taux médiocre,
– 90 % de présents est un taux moyen,
– 99 % de présents est un bon taux de présence.

Février	Taux de satisfaction	Respect des délais	Taux de présence	Indicateur synthétique
Unité 1	40 %	4	95 %	**0,16**
Unité 2	86 %	7	90 %	**0,6**
Unité 3	90 %	9	75 %	**0,21**
			Indicateur synthétique global	**0,39**

Figure 6.3 Rappel des résultats des indicateurs en février.

Le taux en dessous duquel il ne faut pas descendre est de 90 % de présents. Nous sommes donc dans le cas d'une limite unilatérale.

Pour le mois de février le taux de présence moyen par unité est le suivant :
– U1 95 % de présents,
– U2 90 % de présents,
– U3 75 % de présents.

6.3.2 Calcul des indices « sans dimension »

Pour pouvoir transformer les résultats des indicateurs de février (*cf.* figure 6.3) en un nombre sans dimension, il convient de construire pour chaque famille d'indicateur un ou des modèles correspondants.

– *Le taux de satisfaction client*

Cas d'une limite unilatérale
La limite fixée pour ce critère étant 80 %, il nous faut déterminer les modèles pour les points de bonne et de mauvaise qualité.

Le modèle pour le point de bonne qualité :
un point est considéré comme de bonne qualité quand son taux est supérieur à 80 %.

La relation entre la variable X et son indice qualité Sx nous est donné par le modèle suivant :

$$Sx = \exp(-\exp(-V))$$

où

$$V = -\ln(-\ln(S))$$

ou encore

$$V = aX + b$$

On sait que pour X = 80 % = 0,8 S = 0,37 (*voir* courbe), et dans ce cas :

$$V = -\ln(-\ln(0{,}37)) = 0$$

On détermine également que pour X = 95 % = 0,95, S = 0,9

Donc, au point dit de « bonne qualité », le calcul de V donne donc :

$$V = -\ln(-\ln(0{,}9)) = 2{,}25$$

Sachant également que V = a X+ b, pour trouver a et b, on pose donc l'équation suivante :

$$0 = 0{,}8\ a + b$$
$$2{,}25 = 0{,}95\ a + b$$

Résolu par substitution, ce système donne le résultat suivant :

$$a = \frac{2{,}25}{0{,}15} = 15$$

d'où

$$b = -12$$

et

$$V = 15X - 12$$

Donc, si l'on se réfère à l'équation de départ, Sx = exp (- exp (-V)), pour tout taux de satisfaction client supérieur à 80 %, l'indice S correspondant sera déterminé grâce à la formule :

$$S = \exp(-\exp - (15X - 12))$$

Le modèle pour le point de mauvaise qualité :
un point est considéré comme de mauvaise qualité quand son taux est inférieur à 80 %.

La relation entre la variable X et son indice qualité Sx nous est donné par le modèle suivant :

$$Sx = \exp(-\exp(-V))$$

où

$$V = -Ln(-Ln(S))$$

ou encore

$$V = aX + b$$

On sait que pour X = 80 % = 0,8   S = 0,37 (*voir* courbe), et dans ce cas :

$$V = -Ln(-Ln(0{,}37)) = 0$$

On détermine également que pour X = 50 % = 0,50,   S = 0,15

Donc, au point dit de « mauvaise qualité », le calcul de V donne :

$$V = -Ln(-Ln(0{,}15)) = -0{,}64$$

Pour trouver a et b, on pose l'équation suivante :

$$0 = 0{,}8\ a + b$$
$$-0{,}64 = 0{,}5\ a + b$$

Résolu par substitution, ce système donne le résultat suivant

$$\Rightarrow a = \frac{0{,}64}{0{,}3} = 2{,}13$$

d'où

$$b = -1{,}704$$

et

$$V = 2{,}13\ X - 1{,}7$$

Donc, si l'on se réfère à l'équation de départ, Sx = exp (- exp (-V)), pour tout taux de satisfaction client inférieur à 80 %, l'indice S correspondant sera déterminé grâce à la formule :

$$S = \exp(- \exp - (2{,}13\ X + 1{,}7))$$

Maintenant que nous avons les modèles pour les points de bonne et mauvaise qualité du taux de satisfaction client, nous pouvons calculer les indices qualité de cette famille d'indicateurs en remplaçant le modèle X par la valeur correspondante prise dans le tableau de la figure 6.3.

Pour X = 40 %

$$SU1 = e\ (- e - (2{,}13 \times 0{,}4 - 1{,}704) = 0{,}096$$

Pour X = 86 %

$$SU2 = e\ (- e - (15 \times 0{,}86 - 12) = 0{,}66$$

Pour X = 90 %

$$SU3 = e\ (- e - (15 \times 0{,}9 - 12) = 0{,}8$$

– *Respect des délais de livraison*

Cas d'une limite bilatérale

Nous considérons que pour ce critère nous avons deux limites : une minimum qui se situe à 5 jours et une maximum qui se situe à 8 jours l'optimum étant à 7 jours.

$$Sy = 0{,}37$$

pour Y = 5 et Y = 8.

La relation entre y et son indice Sy nous est donné par la formule mathématique suivante :

Sachant que

$$U = (2Y - (Y\ max + Y\ min)) / (Y\ max - Y\ min)$$
$$Sy = \exp - (|U|\ n)$$

avec

$$n = Ln\ (Ln\ (1/Sy) / Ln\ (U)$$

Nous allons calculer U et n sachant que pour Y = 7, on fixe Sy = 0,9

$$U = \frac{2 \times 7 - (8 + 5)}{8 - 5} = \frac{14 - 13}{3} = 0{,}33$$

$$n = \frac{\text{Ln (Ln } 1/0{,}9)}{\text{Ln } 0{,}33} = \frac{-2{,}25}{-1{,}109} = 2{,}03$$

Le modèle s'écrit donc

$$Sy = \exp - (|U|^{2{,}03})$$

avec

$$U = 2Y - \frac{13}{3}$$

Nous avons déterminé le modèle pour le respect des délais de livraison, nous pouvons donc à partir de ce modèle et des données du tableau de la figure 6.3 faire le calcul des indices de chaque unité :

Pour l'unité 1 Y = 4 :
Donc

$$U1 = \frac{2 \times 4 - (8 + 5)}{8 - 5} = \frac{8 - 13}{3} = -1{,}67$$

et

$$Sy = \exp - (|-1{,}67|^{2{,}03}) = 0{,}06$$

Pour l'unité 2 Y = 7 :
Donc

$$U1 = \frac{2 \times 7 - (8 + 5)}{8 - 5} = \frac{14 - 13}{3} = 0{,}33$$

et

$$Sy = \exp - (|-0{,}33|^{2{,}03}) = 0{,}9$$

Pour l'unité 3 Y = 9 :
Donc

$$U1 = \frac{2 \times 9 - (8 + 5)}{8 - 5} = \frac{18 - 13}{3} = 1{,}67$$

et

$$Sy = \exp - (|1{,}67|^{2{,}03}) = 0{,}06$$

– *Taux de présence*

Cas d'une limite unilarérale

La limite fixée pour ce critère étant de 90 %, il nous faut déterminer les modèles pour les points de bonne et de mauvaise qualité.

Le modèle pour le point de bonne qualité :

un point est considéré comme de bonne qualité quand son taux est supérieur à 90 %.

La relation entre la variable X et son indice qualité Sx nous est donné par le modèle suivant :

$$Sx = \exp(-\exp(-V))$$

où

$$V = -\text{Ln}(-\text{Ln}(S))$$

ou encore

$$V = aX + b$$

X = 0,9	=> S = 0,37 (*voir* courbe)	V = -Ln (-Ln (0,37)) = 0
X = 0,99	=> S = 0,9	V = 2,25

Sachant également que V = a X+ b, on obtient un nouveau système, également résolu par substitution :

$$0 = 0{,}9\,a + b$$
$$-2{,}25 = -0{,}99\,a - b$$
$$\Rightarrow a = \frac{2{,}25}{0{,}09} = 25$$

d'où

$$b = -22{,}5$$
$$\Rightarrow V = 25\,X - 22{,}5$$

On a donc le modèle suivant pour le point de bonne qualité :

$$S = \exp(-\exp - (25X - 22{,}5))$$

Le modèle pour le point de mauvaise qualité :
un point est considéré comme de mauvaise qualité quand son taux est inférieur à 90 %.

La relation entre la variable X et son indice qualité Sx nous est donné par l'équation suivante :

$$Sx = \exp(-\exp(-V))$$

où

$$V = -\text{Ln}(-\text{Ln}(S))$$

ou encore

$$V = aX + b$$

X = 0,9 =>	S = 0,37 (*voir* courbe)	V = -Ln (-Ln (0,37)) = 0
X = 0,7 =>	S = 0,15	V = -0,64

Sachant V = a X+ b, on obtient le système :

$$0 = 0{,}9\,a + b$$
$$-0{,}64 = 0{,}7\,a + b$$

$$=> a = \frac{0,64}{0,2} = 3,2$$

d'où

$$b = - 2,88$$
$$=> V = 3,2\ X - 2,88$$

Pour déterminer le point de mauvaise qualité, on applique la relation suivante :

$$S = \exp\ (- \exp - (3,2\ X - 2,88))$$

Nous pouvons maintenant remplacer X par la valeur correspondante prise dans le tableau 6.3.

– *Calcul des indices pour chaque unité*

La construction de chacun des modèles nous permet de déterminer la position de chaque unité par rapport à cet indicateur.

Pour l'unité 1 X = 95 %

$$SU1 = e\ (- e - (25 \times 0,95 - 22,5) = 0,75$$

Pour l'unité 2 X = 90 %

$$SU2 = 0,37$$

Pour l'unité 3 X = 75 %

$$SU3 = e\ (- e - (3,2 - 0,75 - 2,88)) = 0,2$$

Grâce aux différents modèles nous avons pu ramener nos éléments du mois de février en un nombre sans dimension.

Pour pouvoir effectuer une surveillance de l'activité de fabrication de chacune des unités et ceci par rapport aux objectifs, il convient de mixer les indices de chaque unité en un indicateur synthétique, partiel dans un premier temps, et global par la suite.

6.4 L'indicateur synthétique partiel

L'indicateur synthétique partiel va nous permettre de comparer la position de chaque unité par rapport aux objectifs fixés.

La formule de l'indicateur synthétique partiel (que nous appelons ici SUn) est :

$$SUn = (SU1 \times SU2 \times .... \times SUn)^{1/n}$$

où n = nombre d'indicateurs opérationnels ramenés à un indice « sans dimension ».

Calcul de l'indicateur synthétique partiel pour chaque unité de fabrication :
dans notre exemple, nous avons 3 indicateurs opérationnels et n = 3 :
– indicateur 1 = taux de satisfaction client,
– indicateur 2 = respect des délais,
– indicateur 3 = taux de présence.

Application numérique :

$$SU1 = (0{,}096 \times 0{,}06 \times 0{,}75)^{1/3} = 0{,}16$$
$$SU2 = (0{,}66 \times 0{,}9 \times 0{,}37)^{1/3} = 0{,}6$$
$$SU3 = (0{,}8 \times 0{,}06 \times 0{,}2)^{1/3} = 0{,}21$$

L'indicateur synthétique révèle que les unités 1 et 3 conformément à une moyenne fixée à 0,37 ne remplissent pas les objectifs fixés. C'est le signal d'alarme qui va permettre de dire qu'il faut engager au niveau de ces deux unités des actions correctives.

Comme vous pouvez le constater ce type d'indicateur synthétique permet vraiment d'optimiser la gestion du tableau de bord. Une fois que les modèles sont bâtis il suffit d'insérer dans les modèles correspondants les données du mois.

A partir des indicateurs synthétiques partiels, un simple calcul de moyennes pondérées permet d'obtenir l'indicateur synthétique global.

6.5 L'indicateur synthétique global

L'indicateur synthétique global noté SU est la moyenne pondérée des indicateurs synthétiques partiels. La difficulté consiste alors à évaluer les coefficients de pondération les plus appropriés.

Dans notre cas, 3 indicateurs synthétiques partiels présentent la situation de chacune des unités de fabrication. Pour obtenir une moyenne pondérée pertinente, il faut donc affecter à chaque indicateur synthétique partiel un coefficient significatif de l'importance de chacune de ces unités. On peut alors imaginer de prendre en compte l'importance de chacune dans le volume de production total du groupe Leadership, ou bien de comparer la contribution de chaque site au chiffre d'affaires ou à la marge de l'entreprise.

Dans notre exemple, on part du principe que :
– U1 représente 20 % de la production totale du groupe,
– U2 représente 50 % de la production totale du groupe,
– U3 représente 30 % de la production totale du groupe.

L'indicateur synthétique global se déterminera donc comme suit :

$$SU = 0{,}20\ SU1 + 0{,}50\ SU2 + 0{,}30\ SU3$$

soit

$$SU = (0{,}20 \times 0{,}16) + (0{,}50 \times 0{,}6) + (0{,}30 \times 0{,}21)$$

$$SU = 0{,}032 + 0{,}3 + 0{,}063$$

soit

$$SU = 0{,}39$$

6.6 Conclusion-Synthèse

Nous avons décrit le processus mathématique de construction d'un indicateur synthétique global à partir d'indicateurs opérationnels et d'indicateurs synthétiques partiels.

Schématiquement, la démarche peut être synthétisée comme indiquée dans la figure 6.4.

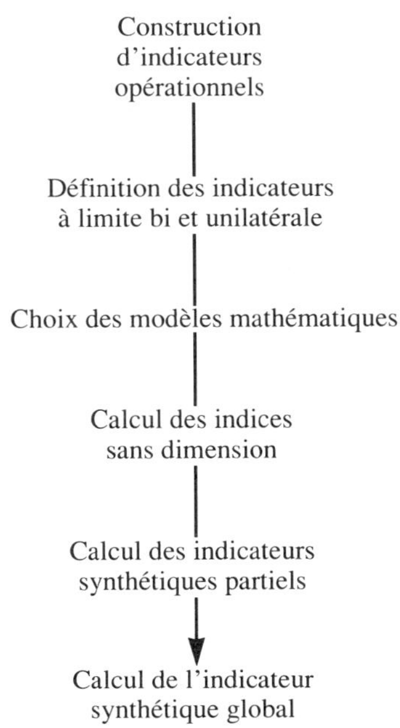

Figure 6.4 Schéma de construction d'un indicateur synthétique global.

Le Directeur technique du groupe Leadership, quant à lui, cherche à savoir si globalement, le groupe répond aux objectifs identiquement assignés à chaque unité :
1. Répondre à la demande client.
2. Impliquer le personnel.

Le point par rapport à ces objectifs se fait au niveau opérationnel par l'exploitation de trois indicateurs :
– taux de satisfaction client et respect des délais pour l'objectif 1,
– taux de présence pour l'objectif 2.

Tout indicateur, on le sait, ne vaut que par l'exploitation que l'on en fait à des fins d'amélioration.

Pour ce Directeur technique, l'indicateur synthétique global permettra de savoir s'il doit agir au niveau de ses unités. La valeur de référence étant SU = 0,37, le résultat obtenu ici (SU = 0,39), indique que globalement et compte tenu de l'importance relative de chacune des unités, le groupe atteint ses objectifs.

Imaginons maintenant que l'indicateur synthétique global soit égal à 0,25. Pour le Directeur technique, il faut examiner les indicateurs synthétiques partiels pour déceler quelle(s) unité(s) présente(nt) des écarts par rapport aux objectifs fixés.

Cette première analyse terminée, à charge pour lui de stimuler la mise en œuvre d'actions correctives en apportant son soutien aux unités opérationelles. Il est ainsi en mesure d'être le garant des objectifs assignés au groupe au travers des unités.

Il est vrai que 9 indicateurs peuvent paraître dans l'absolu faciles à gérer ensemble et d'un seul coup d'œil. Mais cette simplicité apparente, recherchée ici pour la clarté de l'exemple, n'est pas forcément la règle en entreprise, on en conviendra.

Plus souvent, observe-t-on des indicateurs opérationnels nombreux et très hétérogènes. Dans ce cas cette méthode dite des « Indices Vigier », apparemment complexe dans sa dimension mathématique, mais mécanique et simple dans son application, est un bon moyen d'optimiser la lecture et l'exploitation de tableaux de bord opérationnels. La vision fournie sur les champs de mesure choisis et les objectifs fixés est en effet synthétique et claire.

Transcodage et impression par PARAGRAPHIC 31240 L'UNION (Toulouse)
Dépôt légal : Octobre 1992